《文化中行——"一带一路"国别文化手册》

（2016年1月版）

征订单

【图书信息】

"国之交在于民相亲，民相亲在于心相交。""一带一路"战略布局涉及区域广阔，业务广泛。它不仅是一条经济交通之路，更是一条民心交融之路，其建设发展在很大程度上取决于文化的影响力和穿透力。《文化中行——"一带一路"国别文化手册》以研究海外机构特点和服务对象需求为出发点，致力于解决文化冲突、文化融合等难题，力求为海外机构提供既符合中国银行价值理念，又符合驻在国实际的文化指引。

【价格说明】

《文化中行——"一带一路"国别文化手册》为中国银行股份有限公司与社会科学文献出版社合作编写出版，全套手册共25本。根据合同，中国银行内部各分支机构如购买单品种1000册以上，可按照协议价格19.47元/册征订。

【汇款账号】（来款请在备注处注明书名）

户　名：社会科学文献出版社
开户行：工行北京北太平庄支行
账　号：02000100192003654343

【联系方式】

1. 请正确填写征订单，将扫描件EMAIL至wjz@ssap.cn，并致电（010）59367226（13581872419）确认。

2. 征订单请于2016年5月31日前回复。

书目详见背页

智 利
CHILE

中国驻智利大使馆
(Embassy of the People's Republic of China in the Republic of Chile)
地址：AV. Pedro de Valdivia 550, Providencia, Santiago de Chile
领事保护热线：00562-22339880
网址：http://cl.chineseembassy.org

智 利
CHILE

序

  2013年，国家主席习近平在出访中亚和东南亚国家期间，先后提出共建"丝绸之路经济带"和"21世纪海上丝绸之路"的重大倡议，向全世界宣告了亿万中国人民谋求和平发展，与沿线国家和地区共同合作、共建繁荣的美好愿景。"一带一路"战略布局无疑成为当今世界最大的系统性工程，得到国际社会的广泛响应。

  道之大者，为国为民。作为中华民族金融业的旗帜，中国银行早已将"为社会谋福利，为国家求富强"的信念植入血脉。在一百多年的发展进程中，不断顺应历史潮流，持续经营、稳健发展，为民族解放、社会进步、国家繁荣做出重要贡献。站在新的历史机遇期，以"担当社会责任"为己任，以"做最好的银行"为目标的中国银行，依托百年发展铸就的品牌价值和全球服务网络，利用海外资金优势，实现全球资源配置，护航"一带一路"战略，不仅具有得天独厚的优势，更是义不容辞的责任。

金融业是经贸往来的"发动机"和"导流渠"，是支持"一带一路"建设的中坚力量。中国银行作为国际化、多元化、专业化程度最高的国有股份制商业银行，截至2015年底，已在"一带一路"沿线18个国家设立分支机构，未来，将持续完善全球布局，增加对"一带一路"沿线国家的机构覆盖。可以肯定地讲，中国银行完全有能力承担起国家赋予的责任与使命，为构建"一带一路"金融大动脉做出重要而独特的贡献。

"一带一路"建设投资规模大、周期长，涉及众多国家和地区，金融需求跨地区、跨文化差异明显，这对银行业提出了新的挑战。如何跟上国家对外投资的步伐，如何为"走出去"企业铺路搭桥，如何入乡随俗、实现文化融合，成为我行海外发展面临的一系列重要问题。《文化中行——"一带一路"国别文化手册》（以下简称《手册》）正是在这个大背景下应运而生。《手册》从文化角度出发，全面介绍了我行已设和筹设分支机构的"一带一路"沿线国家的政治经济环境、金融发展业态、民俗宗教文化等，为海外机构研究发展策略、规避经营风险、解决文化冲突、融入当地社会提供实用性、前瞻性的指导和依据。对我行实现跨文化管理，服务"走出去"企业，指导海外业务发展，发挥文化影响力，实现集团战略都具有重要的价值。

最好的银行离不开最好的文化。有胸怀、有格局的中行人，以行大道、成大业的气魄，一手拿服务，一手拿文化，奔走在崭新又古老的"丝路"上。我们期待《手册》在承载我行价值理念，共建区域繁荣的道路上占有重要一席，这也正是我们实现文化"走出去"战略的题中应有之义。

2015 年 12 月

目录

CONTENTS

009
第一篇
国情纵览

011
人文地理

015
气候状况

018
文化国情

025
第二篇
政治环境

027
国家体制

032
政治制度

038
行政结构

044
外交关系

047
第三篇
经济状况

049
能源资源

052
基础设施

059
国民经济

075
产业发展

085
金融体系

第四篇
双边关系

095

双边政治关系

099

双边经济关系

102

智利主要华人商会和社团概况

104

智利当地主要中资企业

附　录

109

世界银行·营商环境指数

114

其他领事馆信息

115

跋

117

后　记

智 利
CHILE

第一篇

国情纵览

智 利
CHILE

一 人文地理

1 地理概况

智利，全称智利共和国（República de Chile）。在古代印第安人克丘亚语和艾依马拉语中，"智利"意即"世界的边缘""天的尽头"之意。它位于南美洲西南边缘，西经66°30′~75°40′，南纬17°30′~55°59′。智利北部和东北部分别与秘鲁和玻利维亚接壤，东部以安第斯山为界与阿根廷相邻，西临浩渺的太平洋。智利是世界上最狭长的国家，从

智利地理位置

最北端的城市阿里卡，到南方被大西洋和太平洋所环抱的火地岛，南北长 4200 多公里，从东到西最宽的地段为 362.3 公里，最狭窄的地方只有 96.8 公里。智利的国土面积为 756626 平方公里，首都圣地亚哥为南美洲第四大城市，位于国境中部，坐落在马波乔河畔，东依安第斯山，西距瓦尔帕来索港约 100 公里。

2 历史沿革

智利是一个年轻的国家，独立至今还不到 200 年，但其历史相当悠久。原为阿劳干人、马普切人、火地人等印第安人居住地，16 世纪初以前属于印加帝国。1535 年，西班牙殖民者从秘鲁侵入智利北部。1541 年建立圣地亚哥城，智利沦为西班牙殖民地。1810 年 9 月 18 日成立执政委员会，实行自治。此后，智利人民在民族英雄贝尔纳多·奥希金斯率领下开展反殖民统治斗争。1817 年 2 月同阿根廷联军击败西班牙殖民军。1818 年宣告独立。1970 年社会党人阿连德当选总统，组成"人民团结"政府。1973 年以皮诺切特为首的军人推翻阿连德政府上台，开始了长达 17 年的军政府统治。1989 年，社会党、基民党等组成"争取民主联盟"，参加议会选举和总统大选，基民党人艾尔文当选总统，于次年 3 月 11 日开始执政，从而恢复了代议制民主。1994 年 3 月，基民党人弗雷继任。1998 年皮诺切特交出军权，作为终身参议员进入国会，智利的"民主过渡"进程基本完成。

3　人口综述

智利《战略报》报道，2014年全国人口达到17819054人，其中男性8819725人，女性8999329人。60岁以上老人数量为2578823人，占总人口的14%；15岁以下孩子数量为3924788人，占总人口的22%。数据显示，智利正在向老龄化方向发展。15岁以下孩子的占比较2002年的26.3%有所下降，预计2020年将为19.7%；60岁以上老人的占比较2002年的10.8%有所上升，预计2020年将达17.3%。

4　语言文字

智利的官方语言为西班牙语。在印第安人聚居区也使用马普切语，复活节岛上的居民使用拉巴努伊语，北部山区的艾马拉人讲艾马拉语。

智利人继承欧洲人的习惯，名字由名和姓两部分构成，名在前，姓在后。姓又分父姓和母姓，父姓在前，母姓在后。例如，智利前总统叫奥古斯托·皮诺切特·乌加特，奥古斯托是名，皮诺切特是父姓，乌加特是母姓。也有两个以上名字的，如米格尔·亚历克斯·施韦策·沃尔特斯。在这种情况下，一般省去第二个名，或将第二个名省略为一字头。熟人之间一般直呼其名。亲戚、朋友之间称呼昵称，以示亲热。对所喜欢的人多称"奇诺"（Chino）。在正式场合或与一般人交往时，要以父姓称呼，并加先生、教授、博士等，以示尊重。

特别提示

★ 智利首都圣地亚哥所在的时区为西四区，比北京时间晚 12 个小时。

二 气候状况

智利的地理位置决定了其气候的多样性。智利位于南半球,其夏季自12月至次年3月,秋季自3月至6月,冬季自6月至9月,而春季则自9月至12月。智利的季节变化与北半球正好相反,北半球的春夏秋冬是智利的秋冬春夏。

根据地貌和气候的特点,人们通常把智利的自然气候从北至南分为5种类型(也有分为3种类型)。它们是:智利热带沙漠气候(南纬17°5′~30°)、智利地中海气候(南纬

智利北部的Lauca国家公园
图片提供:达志影像

30°～37°5′)、智利森林区气候（南纬37°5′～41°5′)、智利群岛区气候（南纬41°5′～56°)、智利大西洋沿岸气候（南纬44°～54°5′)。

智利热带沙漠气候　北部地区的托科皮利亚和安托法加斯塔两省大部分是沙漠，属热带沙漠气候。据说差不多已有400年之久没有下过雨，是地球上最干旱的地区之一，人称"旱极"。

智利地中海气候　瓦斯科省的南部和埃尔基省，以及利马里省的北部，是沙漠气候和地中海气候的过渡地带。降雨量自北向南逐渐增加，特别是沿海地区。

智利森林区气候　从地中海气候区往南是智利森林区气候区。在这里，地中海干燥的夏季和多雨的冬季特征已不存在。这一地区包括特木科和瓦尔迪维亚等省。气候特点是多雨，终日细雨绵绵。

智利群岛区气候　南纬45°以南是智利群岛区。这里气候寒冷，潮湿多雨，自然环境恶劣，生存条件很差。

智利大西洋沿岸气候　该地区位于智利最南端安第斯山脉的东边，麦哲伦海峡西侧。

特别提示

★ 智利首都圣地亚哥属于地中海气候，冬季雨期很短，雨量也很少。夏季平均温度为20℃，冬季平均温度为12℃。冬季冷而多雨，春秋两季温和，夏季热而干燥。年平均温度14℃,平均降雨量为500～1000毫米。

★ 智利位于环太平洋地震带上,境内多火山,地震频发。

三　文化国情

1　民族

智利居民基本上由印欧混血种人、白人和印第安人组成，以印欧混血种人为主。

16 世纪初到 19 世纪初，在西班牙人对智利进行殖民征服和统治的 300 年中，来到智利的西班牙人基本上都是男性，没有带眷属，他们与当地的原始土著印第安人通婚，繁衍后代，印欧混血种人逐渐成为今天智利的主要居民。但这些印欧混血人大多数处于社会的下层。由于智利的征服者几乎全部来自西班牙的巴斯克地区，外界认为，智利人特别明显地继承了巴斯克民族的一些特点。西方人认为他们冷漠、习惯埋头工作和墨守成规。但通过接触可以了解到，智利人是心态平和、勤奋努力、心地善良的。目前，印欧混血种人占智利全国总人口的 75%，白人占智利全国人口的 20%，居第 2 位。智利的白人大都是西班牙人的后裔或来自意大利、德国、南斯拉夫等欧洲国家的移民，以及少量阿拉伯人、犹太人等。智利一部分贵族阶层是英格兰人和爱尔兰人的后裔，人们把他们称为"南美洲的英国人"。有一家加拿大刊物这样描述智利人："智利人渴望不多，不列颠人的严肃、阿拉乌干人的不卑不亢以及西班牙人的高贵等成分均匀地分占着他们的心理。"印第安人是智利本土最早的居民，曾为智利的经济、社会和文化的发展做出过重大贡献。据估计，在西班牙人到来之前，居住在今天智利这块土地上的印第安人有100多万人。后来由于西班牙殖民者长期的屠杀和奴役以及疾病的发生，印第安人人口锐减，今天只剩下50万人左右，约占全国人口总数的3%。其他人种约占2%，智利现有华侨和华裔4000~5000人。

2　宗教

智利85%的居民信奉天主教，基督教新教为第二大宗教，只有少数人信仰犹太教、希腊东正教和伊斯兰教。从1925年开始，智利实行政教分离，教会的政治影响逐步下降。智利教会组织包括1个大主教辖区、5个大主教区（圣地亚哥、拉塞雷纳、蒙特港、康塞普西翁和安托法加斯塔）、14个主教区（伊基克、科皮亚波、瓦尔帕莱索、圣费利佩、兰卡瓜、塔尔卡、利纳雷斯、奇廉、特木科、瓦尔迪维亚、圣卡洛斯·安库德、蓬塔阿雷纳斯、洛斯安赫莱斯、奥索尔诺）和2个罗马教皇代理辖区（阿劳卡尼亚和艾森）。智利全国约有1188个教堂，386个礼拜堂，351个修道院。

阿拉乌干人（Araucano，又称阿劳科人或阿劳干人）是智利人数最多、最具特色的印第安民族，他们有自己崇拜的图腾和信仰的神灵。阿拉乌干人信仰"皮利安"，认为他是最高的神灵、万物之主。在"皮利安"下面，还有"布塔亨"，是伟大的神；"塔皮科维"，是雷电神；"比洛库沃"，是万物创造者；"比尔佩皮洛奥"，是万能神；"莫利赫留"，是不死神；等

智利瓦尔迪维亚省的大教堂和骑马雕像
图片提供：达志影像

等。上述神的下面又分战神（埃普纳努姆）；施恩神（特伦特伦），人类的好朋友；坏神（格库武），被阿拉乌干人视为万恶之源；"乌尔梅"，被印第安人当成一切事物的保护神。尽管受到几个世纪的西方文化影响，现代阿拉乌干人依然保持着先辈的许多习俗。过去，由于战争不断，基督教难以在他们中间传播，所以对他们的影响很小。而今天新一代的印第安人，由于在学校受到教育，正一步步走向现代文明。

3 风俗与禁忌

智利人拥有丰富多彩的民俗民风。他们的服饰、饮食和习惯都有自己的特征。

（1）民族服饰

智利最具民族特色的服饰之一是斗篷，当地人称为"蓬乔"

（Poncho）。它用一块四方的织物制成，中央留有一孔洞。穿着时，头从孔洞钻出，斗篷就披在肩上。这种斗篷一般用来御寒，但妇女进教堂时必须穿戴（如今已不完全如此）。斗篷大多用颜色鲜艳的毛料织成，上面饰有各种不同的图案。全套的智利传统服装则由宽长的斗篷、筒靴、宽腿裤、腰带、短上衣和不同式样的宽檐帽组成。衬衣是白色的，并有垂直皱纹。富人穿绸衬衣，穷人穿粗布衬衣。衬衣外面套穿露胸的坎肩并系有红色的腰带。现在，城市的上层人士以穿西服为主。职业妇女穿西服套裙，一般妇女大多穿裙装，很少穿长裤。在校学生穿着比较随便。在重大节日，智利人从总统到一般老百姓都穿上最好的衣服以示庆祝。

(2) 饮食文化

智利城乡在饮食方面存在很大差别。城市居民多以欧式和美式食品为主。早餐时间根据每个人的作息时间而定，一般食用水果、煎鸡蛋、牛奶、咖啡、面包夹香肠或火腿肉等。午餐多在12时半至15时之间，多数人在办公室或在家里食用快餐。晚餐一般比较正式，全家人聚在一起，用餐时间为晚9时左右，边吃边聊，主要食品有牛奶、汤、肉或炸牛排、番茄酱、洋葱、菜豆、芹菜、色拉等品种，蔬菜一般生吃。农村饮食风俗因地而异，各有偏重。农业区居民多以蔬菜、马铃薯、玉米和豆类为主，牧区则以肉食为主，沙漠地区居民多吃香蕉、棕榈油和烤面包。智利人还有一种在下午5时至7时吃茶点的传统习惯，通常称为"翁塞"（Once），主要是喝茶或咖啡，吃少许面包或甜点心。智利盛产海鲜，在宴会中主人经常用智利特有的海刺猬、鲍鱼等海产品来招待客人。智利被称为"葡萄酒加美女"的国家，葡萄酒和一种用水果酿制的"契恰酒"（Chicha）是智利人餐桌上必不可少的饮料。除了葡萄酒外，还有各种美味水果。

（3）风俗习惯

父权家长制是智利传统的家庭结构。家庭中年纪最大的为家长，他在家庭成员中有绝对的权威。在智利还存在具有浓厚旧式家庭色彩的"大家庭"，一般是众多子女或亲戚几代同堂。随着城市化和工业化的发展，智利的传统家庭结构已发生变化。过去的"大家庭"已渐渐被由父母和未婚子女组成的"小家庭"所取代。但是，在最保守的阶层及偏僻的农村边远地区，还保持着旧式的传统家庭结构，"大家庭"仍有较大的影响。现在，许多家庭的传统职能已由社会承担，家长的权威减弱，但智利法律明文规定后代要尊重家长。鉴于社会、经济和居住地的变化，传统"大家庭"的成员即使不在一起生活，也保持着成员之间的联系和经济、生活上的互助，并在一起庆祝宗教节日，参加家庭成员的生日或婚礼聚会。

在农村地区，人们经常用建立干亲关系的传统方式来扩大"家庭"的范围。这种干亲关系有两种含义：一是单纯的干亲关系；二是既是干亲关系，又是教父母的关系。建立这两种关系既是宗教礼仪的需要，又具有强烈的感情色彩。目前，在城市里，干亲关系已慢慢地失去其重要性，但选择子女的教父母仍然是一件大事，需要严肃、认真地对待。教父母对子女负有一定义务，与孩子的父母之间一般只保留形式上的关系，没有过多的交往。

智利人很重视家庭教育，富家子女去欧洲进修或攻读学位的现象很普遍。同时，其父母和家人也会前往陪伴。

在智利城市中等阶层中，人们往往把婚姻作为扩大自己经济势力和进入上层社会的手段。上层社会的父母则反对子女与社会地位低下的人结婚。传统做法是，上层贵族的子女一般都与本家族成员的子女尤其是同堂、表亲结婚，以继承和控制家中的财产。随着社会的发展、家长权威的衰落以及年轻人独立性的增强，这种有血缘关系的婚姻当今已极少见。智利人对子女特别是女孩子的管教很严格。在子女的婚姻问题上，父母的意见仍然起关键作用。在乡镇和农村中，未婚女子仍不能在家庭外单独与男子会面。

智利男子的婚龄一般为24～26岁，女子的婚龄为18～22岁。智利法律只承认世俗婚姻。宗教婚姻只是教徒表示信仰的一种方式，而不具有法律效力。因此，信奉天主教的智利人，一般要举行两次婚礼：第一天举行世俗婚礼，第二天举行宗教婚礼。但是，在下层居民中，既不举行世俗婚礼也不举办宗教婚礼的现象很常见。在农村和边远地区，由于条件的限制，如距离婚姻登记处较远或没有神职人员，青年男女经双方家长同意就可同居，结为夫妻，而不用举行婚礼。智利法律规定不允许离婚，但可以分居。

特别提示

★ 智利人十分重视见面时的问候礼节，他们同外来客人第一次见面时，多要握手致意，熟悉的朋友，还要热情拥抱和亲吻。一些上了年纪的人见面，还习惯行举手礼或脱帽礼。智利人最常用的称呼是先生和夫人或太太，对未婚青年男女分别称为少爷和小姐。在正式场合要在称呼前加行政职务或学术头衔。智利人应邀参加宴会或舞会，总会带上一点礼物。人们有妇女优先的习惯，在公共场合年轻人总是为老人、妇女和孩子提供方便。智利人的禁忌和西方几乎一样。智利人还认为"五"这个数字不吉利。

智 利
CHILE

第二篇
政治环境

智 利
CHILE

一 国家体制

1 国体、元首及国家标识

智利是资产阶级共和国，实行总统制。智利宪法规定，政府由国家元首共和国总统负责。凡在智利出生、年满 40 岁、有选举权并具备其他必要条件的公民均可竞选总统。国家不设副总统职位，若当选总统因故暂时无法就职，参议院议长、最高法院院长和众议院议长应按顺序出任副总统。

智利国旗

智利国徽

2 宪法概述

自独立以来，智利先后制定过八部宪法，其中 1833 年宪法和 1925 年宪法的执行时间最长，对智利中央集权制国家的形成和资产阶级代议制民主体制的建立起了重要作用。这八部宪法分别如下。

1812 年宪法　智利第一部宪法。1810 年 9 月 18 日，智利首都圣地亚哥举行起义，推翻西班牙殖民统治，成立第一届国民政府。1812 年，国民政府最高执政官何塞·米格尔·卡雷拉批准了该宪法。宪法规定智利实行共和制，同时承认西班牙国王的合法主权。根据宪法，设立一个由 3 人组成的委员会"洪达"（Junta）作为最高行政机构。

1818 年宪法　1818 年 2 月，智利共和国正式宣告成立，时任最高执政官的奥希金斯宣布了一部临时法令，这一法令从颁布之日起就被通称为 1818 年宪法。该法规定建立一个由 5 人组成的、具有立法权的参议院，与奥希金斯一起行使行政统治权。同时设立一个掌管高级司法权的最高审判法庭。但奥希金斯为自己保留了极大的权力，仍对国家实行集权统治。

1822 年宪法　1822 年制宪会议批准了智利的第三部宪法。规定将奥希金斯的集权统治再延长 10 年，后因国内发生反政府暴动，奥希金斯于 1823 年初被迫辞职。这部宪法未能付诸实施。

1823 年宪法　1823 年拉蒙·弗莱雷执政期间，制定了实行三权分立的新宪法。该法规定，行政权力归最高执政官。立法权归参、众两院，参议院为常设机构，众议院只在特别情况下才起作用。司法权归属法院。该宪法只实施了半年，后因一次政变而终止。

1828 年宪法　1828 年 8 月 6 日，制宪会议通过了一部代表自由党人利益的宪法，执行至 1833 年。

1833 年宪法　由华金·普列托总统主持制定，1833 年 5 月 25 日颁布，后经部分修改，一直实施到 1925 年，历经 92 年，是实施时间较长的一部宪法。

1925 年宪法　1925 年 9 月 18 日，由阿图罗·亚历山德里政府颁布。该法的指导思想是要恢复政府的权力和权威。

1980 年宪法　现行宪法。由皮诺切特领导的军政府主持制定，1980 年 9 月 11 日由全民投票通过，1981 年 3 月 11 日起正式生效。

从 20 世纪 80 年代后期开始，智利各派力量间就修改宪法问题一直存在着不同意见和斗争。由于各方立场不同，意见不一，宪法虽经 1989 年、1991 年和 1993 年几次修改，但都未有重大变化。2005 年修改宪法将总统任期改为 4 年，并取消了终身参议员和指定参议员。

3　重要节日

智利有绚丽多姿的节日。它们大都反映了智利的历史、宗教、文化和风俗习惯。这些节日分为全国性节日和地方性节日，其中又有宗教性节日和非宗教性节日之分。以时间先后排列，主要节日如下。

新年（1 月 1 日）。

洛瓦斯戈斯圣母庆典节（2 月 2 日）　中部农业区农民举行的庆典活动。

葡萄收获节（3 月 10～18 日）　智利传统的民族节日。

国际劳动节（5月1日） 工人和其他劳动人民的节日。

海军节（5月21日） 海军传统节日，为纪念伊基克战役而定。

基督圣体节（6月18日） 天主教规定崇敬"耶稣圣体"的节日。始于13世纪的比利时，后推行到各地天主教会。

圣佩德罗宗教水上游行节（6月29日） 主要在拉尔温泉区举行。

蒂拉纳朝圣节（7月12~18日） 纪念16世纪抗击西班牙殖民者的印第安女英雄的节日。

圣母升天节（8月15日）。

国庆日（9月18日） 智利人称"18日节"。1810年9月18日，圣地亚哥人民召开公开市政会，选举产生第一届国民政府。1818年智利正式宣布独立，成立智利共和国，并把9月18日定为国庆日。每年的这一天，人们聚集在总统府前面的广场上举行有共和国总统参加的集会游行，以示庆祝。

建军节（9月19日） 这一天，在奥希金斯公园内的广场上举行有总统出席的阅兵式。

围牛节（10月11日） 西班牙斗牛尽人皆知，但是智利的围牛节鲜为人知。围牛活动是智利人最喜爱的一种别开生面的传统体育活动，大多在农村和小镇农牧民中流行。这种活动是对牧民驾驭马匹、驱赶牛群能力的一次检验，也是对牧民们勇敢精神的一种考验。

亡人节（11月2日） 智利人悼念已故先人的节日。

圣诞节（12月25日） 在智利，除了其他国家通常举行

智利科金博大区安达科约的人民穿着传统的印地欧服饰庆祝节日
图片提供：达志影像

的宗教仪式和家庭庆祝活动外，人们常常在圣诞宴席以后，举家前往街头、广场游逛，或在饮食店里合家欢饮由玉米酿制的"猴尾酒"，或在布置成耶稣降生的场景中和圣诞老人合影"全家福"，或观看杂耍艺人的表演。

二　政治制度

1　政体概述

智利国民议会实行参、众两院制。议会的职能是根据宪法制定法律，行使宪法赋予的有关权力。就总统提请审议的国际条约进行表决，对总统拟宣布的戒严令表示赞成或反对，是议会的专门职能。总统可在议会每年例会期的最后 10 天或休会期间，召集只限于讨论立法事项或国际条约的议会特别会议。休会期间，如两院有多数议员提出书面要求，可由参议院议长召开特别会议，并可讨论议会职权范围内的任何问题。参、众两院只有在 1/3 议员到会的情况下，才能开会做出决定。议会每年 5 月 21 日开始举行例会，9 月 18 日闭会。2000 年 3 月议会决定将会址从瓦尔帕莱索迁回首都圣地亚哥。

智利众议院由 120 名议员组成，由宪法规定的选区直接投票选举产生，众议员任期为 4 年。竞选众议员的条件是年满 21 岁、有选举权、受过中等教育或具有同等教育水平、选举之前在所选区居住时间不少于 3 年的公民。众议院的专门职权是监督政府工作。众议院在到会大多数议员同意下，可以把对政府工作的意见，以书面形式提交给总统。政府必须在 30 天内由有关的政府部长做出答复。任何议员的建议只要得到与会 1/3 议员的同意，即可要求政府提供有关背景情况。众议院有权对严重危害国家荣誉或安全，公开违反宪法和法律的总统提出指控。指控要在总统任期内或离职后 6 个月内提出，只有得到众议院绝对多数表决通过，控告才能成立。总统在任期满后 6 个月内不经众议院允许不得离开本国。众议院有权对政府部长、最高法院院长、总审计长、军队高级将领以及大区区长和省长的严重危害国家荣誉或安全、违反宪法和法律、叛国、敲诈、勒索、贪污公款和贿赂等严重失职的行为提出指控。对上述官员的指控可在其任期内或离职后 3 个月内提出，控告得到与会多数议员同意即可成立。被告人未经众议院允许不能离开本国。如控告已经通过，则被告人在任何情况下都不能离开本国。被控告者应从众议院宣布指控成立之日起停职，如果参议院不受理指控或在 30 天内不表态，被控告者即中止停职。

参议院由直选议员和非直选议员组成。1980 年宪法规定，全国 13 个大区通过直接投票各选出 2 名参议员，任期 8 年，每 4 年更换 1/2，即第一次改选单数区议员，第二次改选双数区和首都区议员。后修改宪法决定，瓦尔帕莱索区、首都联邦区、马乌莱区、比奥比奥区、阿劳卡尼亚区和群湖区 6 个大区，各分成两个选区，这样，全国共有 19 个参议员选区，共选出 38 名参议员。竞选参议员除须年满 40 岁外，其他条件与众议员相同。非直选议员包括：连续任职满 6 年的前总统为终身参议员；2 名连续任职至少满 2 年的前最高法院法官，1 名连续任职满 2 年的前共和国总审计长，以上 3 人均由最高法院选出；由国家安全委员会推选，任职满 2 年的前陆、海、空三军和警察部队司令各 1 名；由总统任命的 1 名连续任职满 2 年的国立大学或国家承认的大学前校长和 1 名任职满 2 年的前政府部长。

除前总统为终身参议员外,其他非直选参议员任期为 8 年。如具备上述条件的人选不够,就从上述各部门中担任过重要职务的公民中挑选。智利参议院现有参议员 38 名,全部由直选产生。众议员和参议员可以连选连任。

参议院的专门职权主要是审理众议院对高级军政官员的指控。在参议院宣布被指控者罪行成立时,如系总统,须经 2/3 在任议员通过;如系其他官员,须经多数参议员认可。被指控者一旦被宣布有罪,即被解职并在 5 年内不得担任任何公职,同时交给司法部门审理。参议院的职权还包括:审理各政治或行政当局与最高法院之间的权限纠纷;批准恢复刑满释放人员的公民资格;依据宪法和法律要求,批准或否决总统即将采取的行动;审理批准总统出国 30 天以上或在其任期最后 90 天内出国的行动;当总统因体力或脑力障碍不能胜任工作提出辞职时,宣布其辞职理由是否成立并决定是否接受辞呈,但事先要征求宪法法院的意见。宪法还规定,参议院及其各委员会和参议员个人均不能对政府及其下属部门的行为进行监督。

2　政治中心

智利首都圣地亚哥是一座拥有 400 多年历史的古城。1541 年,西班牙殖民者瓦尔迪维亚率领 150 名骑兵来到这里,在位于现在城市中心的圣卢西亚山上修筑了西班牙在南美洲大陆上的第一座炮台,并在山下用泥砖和草木建筑了一批原始的住宅区,这就是圣地亚哥城的雏形。1818 年 4 月 5 日,经过智利争取独立战争中一场决定性战役——迈普之战后，圣地亚哥成为智利的首都。公元19世纪因智利发现铜矿并逐渐大规模开采，城市迅速得到发展。在随后的年月里，圣地亚哥数次遭受地震、洪水等自然灾害的破坏，市区历史性建筑物受到严重毁坏。今天的圣地亚哥是一座现代化的城市，面积为100多平方公里，人口有534万，是智利最大的城市和全国政治、经济、文化与交通中心。

3 主要政党及政治人物

智利是多党制国家。主要政党如下。

（1）社会党（Partido Socialista，PS）

智利执政联盟成员，现为执政党。1933年4月，由当时的统一社会党、马克思主义党、共和社会党、国际社会党和劳工党等合并组成。创始人欧亨尼奥·马特（Eugenio Matte）。1996年9月加入社会党国际。智利社会党的性质曾确定为"代表工人阶级和智利被剥削群众利益的革命组织"和"工人阶级的革命先锋队"。社会党现有党员约7万多人，其中1万多人具有社会党和争取民主党双重党籍。党的最高权力机构是全国代表大会。智利社会党是社会党国际咨询成员。

（2）基督教民主党（Partido Demócrata Cristiano，PDC）

执政联盟成员、最大参政党。该党前身是20世纪30年代出现的保守党青年运动。基督教民主党的指导思想为基督教民主主义。基督教民主党的中央领导机构为全国委员会，省或地区设领导委员会。现有党员约 10.9 万人。该党是基督教民主党国际成员。

（3）争取民主党（Partido por la Democracia，PPD）

执政联盟成员、参政党。1987 年 12 月 15 日成立，主要成员是社会党党员。其主张基本上与社会党相同。争取民主党在艾尔文和弗雷政府中都是参政党。现有党员 8.4 万多人。该党为社会党国际成员。

（4）激进社会民主党（Partido Radical Social Demócrata，PRSD）

智利最老的政党之一。原名激进党，执政联盟成员、参政党。1863 年 12 月 28 日成立。创始人是曼努埃尔·安东尼奥·马塔（Manuel Antonio Mata）和安赫尔·古斯托迪奥·加略（Angel Gustodio Gallo）。该党在其纲领中表示是"劳动者的党"，奉行理性主义和人道主义哲学思想。党的最高权力机构为全国代表大会，每两年举行一次。

（5）民族革新党（Renovación Nacional，RN）

最大的反对党。1987 年 2 月 8 日，由右翼的民族联盟、独立民主联盟和全国劳工阵线合并组成。党的最高领导机构是由 9 人组成的全国领导委员会。

（6）独立民主联盟（Unión Demócrata Independiente UDI）

反对党，议会第一大党。1983 年 9 月 25 日成立，由独立人士和 1979 年成立的"新民主"组织组成。该党在 2001 年底议会选举中成为议会第一大党。

（7）智利共产党（Partido Comunista，PC）

在野党。原名为社会主义工人党。1912 年 6 月 4 日由工人领袖路易斯·雷卡瓦伦（Luis Recabarren）创立。在议会中未取得席位。

4　现任总统

智利现任总统米歇尔·巴切莱特（Michelle Bachelet）是南美历史上第一位民选女总统。2006年1月15日，巴切莱特作为智利执政联盟总统候选人参加大选并获胜，成为智利历史上第一位女总统。同年3月11日宣誓就职，任期4年。2008年4月，巴切莱特对中国进行国事访问，并出席博鳌亚洲论坛2008年年会。2013年12月15日，米歇尔·巴切莱特再次当选智利总统。

特别提示

★ 除上述主要政党外，智利还有很多群众团体，主要包括智利工人统一工会、全国农民委员会、全国农民联合会、全国教师协会、全国医生协会、全国公职人员联合会、私人企业职工联合会、全国铜业工人联合会、全国矿业联合会、全国卫生工作者联合会、智利大学生联合会等。

三　行政结构

1　国家政府机关行政层级

（1）中央政府

智利宪法规定，政府由国家元首共和国总统负责。凡在智利出生、年满 40 岁、有选举权并具备其他必要条件的公民均可竞选总统。每届总统任期结束前 90 天，必须进行新总统选举。国家不设副总统职位，若当选总统因故暂时无法就职，参议院议长、最高法院院长和众议院议长应按顺序出任副总统。若当选总统因故根本不能就职，副总统在 10 天内发布命令，宣布在 60 天内重新进行大选。若总统因出国访问等原因短期不能行使职责，可由一名内阁部长（一般是内政部长）出任代理副总统。若总统在任期内去世或因其他原因而不能完成任期，由参议院以绝对多数同意任命一位继任总统，任职到该届政府期满为止，并不得参加下届总统竞选，其任职期间拥有宪法给予共和国总统的一切职责，但无权解散众议院。未经参议院同意，总统出国不得超过 30 天，也不得在其任期内的最后 90 天内离开国家。总统任期届满必须按期交权。总统任职期间拥有以下特殊职权：按照宪法参与制定、批准和颁布法律；召集特别会议、例会和宣布闭会；在宪法规定的范围内，事先经议会授权颁布具有法律效力的法令；任期内有一次解散众议院的权力，但在众议院活动的最后一年中不得行使这一权力；按宪法规定，可任命少数参议员，任免内阁部长、副部长、行政大区区长、省长和市长，任命驻外大使和公使、驻国际机构代表；在参议院的同意下，任命共和国审计长；根据最高法院和上诉法院建议，任命最高法院法官和审判员；发布特赦令；主持与外国和国际机构缔结条约及协定的工作；任免陆、海、空三军司令和警察部队司令，决定三军和警察部队军官的任免、晋升和退役；根据国家安全的需要，调遣、组织和部署陆、海、空军力量及宣布全国或局部地区处于非常状态；战时担任武装力量最高统帅；经法律批准并得到国家安全委员会的听证后对外宣战；关注公共税收的收缴并依法确定投资和安排其他支出，有权在征得全体内阁部长同意后，批准未经法律授权的开支；等等。

巴切莱特政府于2006年3月11日成立，共设22个部委，主要成员有：内政部部长埃德蒙多·佩雷斯·约马（Edmundo Pérez Yoma），外交部部长亚历杭德罗·福克斯莱（Alejandro Foxley），国防部部长何塞·戈尼（José Goñi），政府秘书部部长弗朗西斯科·比达尔（Francisco Vidal），总统府秘书部部长何塞·比埃拉加略（José Viera-Gallo），财政部部长安德烈斯·贝拉斯科（Andres Velasco），经济部部长乌戈·拉瓦多斯（Hugo Lavados）。

（2）地方政府

就政府和国家内部管理而言，智利行政区划为大区和省，省级以下分为市镇。

区长依照法律及总统的命令、指示行使职权，是总统在该大区的当然代表。区长的职责是，根据国家的总体发展规划，制定本区的发展计划和方针政策，并监督、协调和检查大区的各项公共事务。每个大区设立一个区发展委员会，由区长领导，其组成人员包括区辖各省省长、驻该区陆、海、空三军和警察部队各一名代表、本区各主要公共与私人机构委派的代表，私人机构代表应在该委员会中保持多数。区发展委员会是区长的咨询机构，并保证社会各界切实参与本地区的经济、社会和文化方面的发展。地区发展规划和预算必须得到区发展委员会的同意。地区发展所需资金的分配，由区发展委员会负责。

各省政府设省长一人，省长由总统直接任命，并服从所在大区区长的领导。根据区长的指示，省长负责管理本省各项公共事务和行使法律赋予的有关职权。各省省长根据情况和有关法律规定，可在一地或几地委派专员行使职能。

市政府是基层公共权力组织，享有法人地位，财务独立。市政府由市长和市政委员会组成。市长由市政委员会推荐（可推选3名候选人），区发展委员会任命。大区的区长有一次否决权。但共和国总统有权依据法律，在某些市镇根据其人口、地理位置等情况任命市长。各市设市镇发展委员会，其宗旨是为市长提供咨询，并使当地居民切实参与市镇的经济、社会和文化事业。20世纪90年代以来，为了进一步发挥地方政府的积极性，使中央和地方协调发展，智利中央政府实行权力分散化政策，逐步把有关权力下放到市一级，同时强化市政府的管理和发展职能。因此，市政府的地位和作用越来越重要。

2　国家法律机关层级

智利实行司法独立。宪法规定，只有依法成立的法院才有权受理和判决民事与刑事案件并执行审判结果。总统和议会在任何情况下都不能行使司法职能，审理悬而未决的案件，审查或修改判决的依据和内容或重新审理已了结的案件并为其翻案。除宪法法院、选举资格评定法院、地区选举法庭和战时军事法庭外，全国所有法院均由最高法院领导。全国除最高法院外，还设有 17 个上诉法院和 1 个军事法院，各省市设初审法院、劳工法院和军事法庭等。

（1）最高法院

最高法院由总统任命的 17 名法官组成，最高法院院长在这 17 名法官中选举产生。司法部门的法官只要品行端正，可任职到 75 岁，但本人可以辞职，或被解职。最高法院院长不受年龄限制，即使超过 75 岁，也可任职到届满。总统根据最高法院的意见，可对司法部门的法官、官员和工作人员进行同级调动。没有有关法院的命令，不能逮捕高等法院法官及其检察官和律师，即使其犯了罪，也不能马上将其送交法院审理。法官犯有受贿、不遵守法律程序、拒不执法或弄虚作假等罪行者，由本人承担责任。最高法院在工作、惩戒和经济方面对国家各法院（宪法法院、选举资格评定法院、地方选举法庭和战时军事法庭除外）有最高领导权。此外，最高法院还有权审理不属参议院管辖的政治或行政当局与各法院之间发生的权限纠纷。最高法院有权推荐上诉法院的法官和检察官,最后由总统任命。

(2) 宪法法院

根据 1980 年宪法,于 1981 年 2 月设立,由 7 人组成,其中法官 3 名,由最高法院以无记名投票方式选举产生,律师 4 名,其中 1 名由总统任命,2 名由国家安全委员会选出,1 名由参议院推选,任期 8 年,每 4 年更换部分成员,享有不受罢免权。在出任法官期间,不得兼任众议员或参议员,也不得兼任选举资格评定法院的成员。宪法法院例会法定人数为 5 人,法庭内简单多数形成决议,并根据其权力做出裁决。宪法法院的基本职能是对未颁布的或批准之前的国家各种法律、法令、国际条约等进行审查,以确保其内容不违背国家宪法;对国内各类团体、组织、政党进行审查并确定它们是否符合宪法;对内阁部长候选人和在任内阁部长进行审查,确认其当选或继续担任部长是否符合法律规定的要求;解释宪法的内容、审查有关法令的合宪性并审理围绕宪法出现的问题。宪法法院做出的决议,任何机构不得反对,根据法律,宪法法院可纠正自己的过失。

(3) 选举法院

选举法院即选举资格评定法院。由 5 人组成,任期 4 年。其中由最高法院选出 3 名法官(最高法院现任或前任法官)和 1 名律师,另一名由任职不少于 3 年的前参议院或众议院议长担任。上述律师和前议长不能是现任议员、政党领导人,也不能是内阁部长及其他民选职务的候选人。选举资格评定法院的职能是监督总统、参议员和众议员的选举,同时负责总计票工作；审理与选举有关的申诉，对反对意见予以调解并公布选举结果；监督公民投票，以及履行法律赋予的其他职能。设立地区选举法庭，主要是为了监督地方选举和行会选举。地区选举法庭由1名同级上诉法院法官、2名由选举法院任命的法官或律师组成，任期为4年。

（4）总审计署

总审计署为自治机构。对政府行为是否合法实施监督，并依照法律检查国库、市政府及其他机构和服务部门的收支情况；审查上述单位资金负责人的报告并做出判断；统管全国的统计工作，并根据宪法组织法负责其他方面的工作。总审计长经参议院多数议员同意，由总统任命，不得撤换，年满75岁则不再任职。总审计长有权了解具有法律效力的法令，如上述法令超出有关法律规定的范围、与之冲突或与宪法不符，则应予提出。在行使法律监督权时，总审计长应依据法律来了解所要提交总审计署办理手续的法令和决议，或宣布其不合法；如有各部部长签字且总统坚持，应予以办理手续，同时将有关法令附件送交众议院。

（5）国家检察院

1997年8月，智利议会批准了一项宪法修正案，其内容包括建立一个国家检察院。这是智利一项重要的司法改革，此项工作于20世纪末完成。检察院的建立以及其他一些司法改革，将彻底改变以往拖拉、混乱和复杂的审判制度。从2000年起，检察院独自负责司法调查和起诉工作。

四　外交关系

1　主要对外关系

智利对外奉行独立自主的多元化务实外交政策，遵循不干涉别国内政和人民自决的原则。主张尊重国际法，和平解决争端，捍卫民主和人权。大力推行全方位的外交战略，经济外交色彩浓厚，对外交往十分活跃。智利优先巩固和发展同拉美邻国和南方共同市场成员国的关系，积极推动拉美一体化，重视与美、欧的传统关系，积极拓展同亚太国家的关系，努力实现出口市场多元化。同世界上172个国家和地区建立了外交关系。重视双边自由贸易谈判，目前智利同主要贸易伙伴中国、美国、日本、韩国、南方共同市场、欧盟等均签署了优惠贸易协定。

（1）同美国的关系

智美1823年建交。美国一直是智利最主要的经贸伙伴和投资国之一。智利民选政府执政后同美国关系实现正常化，把对美国关系视为外交重点，美国也把智利视为在拉美优先考虑的国家之一，恢复给予智利"普惠制"待遇，允许智利重新加入美国海外投资保险体系，取消了禁止向智利出口武器和提供军援的《肯尼迪修正案》。智美建有政治、国防等磋商机制。2003年6月6日，智美签署双边自由贸易协定。2011年3月，美国总统奥巴马访智，并在圣地亚哥发表美国对拉政策讲话，智美双方签署包括核能合作在内的多项合作协议。2014年3月，美国副总统拜登赴智利出席智利总统权力交接仪式。

（2）同欧盟的关系

巩固和加强同欧盟的传统关系是智利的既定方针。智欧高层互访频繁。1999 年，智欧开始商谈自由贸易协定。2002 年双方签署政治、经济伙伴与合作协议，智利成为同欧盟签署自贸协定的第二个拉美国家。协议于 2003 年 1 月 1 日起生效。时任总统皮涅拉先后访问了英国、德国、法国、意大利和西班牙。欧盟是智利重要的贸易伙伴和出口市场。2013 年 1 月，成功举办拉美加勒比共同体与欧盟国家第一次首脑会议。

（3）同拉美和加勒比国家的关系

智利政府强调立足拉美，优先巩固和加强同拉美国家特别是周边邻国的关系。重视地区国家间的政治磋商与协调以及经贸技术合作，积极推动地区一体化，维护地区民主与和平。2011 年 4 月，与秘鲁、哥伦比亚、墨西哥宣布成立"拉美太平洋联盟"以推动实现沿太平洋国家经贸合作和一体化。

（4）同中国的关系

智利于 1970 年 12 月 15 日同中国建交，是第一个同中国建交的南美洲国家。建交以来两国关系发展顺利，近年双方高层接触频繁，经贸合作日益扩大，在国际多边领域保持良好合作。双方已举行多次外交部间政治磋商、经贸混委会会议和科技混委会会议。2013 年 10 月 6 日，国家主席习近平在印度尼西亚巴厘岛会见智利总统皮涅拉。2013 年中国副部级（含副部级）以上官员到访智利 9 次。2014 年 3 月 10～13 日，交通运输部部长杨传堂作为国家主席习近平特使出访智利，出席智利总统权力交接仪式。其间，杨传堂会见了智利卸任总统皮涅拉、新任总统巴切莱特。2014 年 7 月 16 日，国家主席习近平在出席金砖国家同南美国家领导人对话会期间，在巴西利亚会见智利总统巴切莱特。

2　主要国际参与

智利恢复民选政府后，积极参与国际和地区事务，是南美洲国家联盟、美洲国家组织、里约集团、亚太经合组织、太平洋经济合作理事会、太平洋盆地经济理事会、不结盟运动、十五国集团等国际和地区组织的成员国，南方共同市场和安第斯国家共同体的联系国，智利重视发挥在国际组织中的作用，曾连续当选为联合国经社理事会成员国、安理会 2003 ~ 2004 年度非常任理事国、人权委员会 2002 ~ 2004 年度成员国。同新加坡一起积极倡议和推动成立了东亚 – 拉美合作论坛。

近年来，智利先后成功主办了第六届伊比利亚美洲首脑会议、第二届美洲国家组织首脑会议、东亚 – 拉美合作论坛第二届高官会、第三届高官会暨首届外长会议及一系列拉美和亚太地区组织会议，并于 2004 年主办亚太经合组织领导人非正式首脑会议。20 世纪 90 年代以来，智利一直活跃在世界舞台上，智利的国际地位和影响力得到进一步提升，无论在国际事务还是地区性事务方面都发挥着越来越大的作用。

智 利
CHILE

第三篇
经济状况

智 利
CHILE

一　能源资源

1　主要能源及分布

智利之前是石油生产小国，2006年以前其探明的石油储量不超过1.5亿桶油当量。然而，随着政府对油气资源勘探的加倍努力，这种情况得到改变。随着智利南部新的石油储量的发现，智利石油前景得到改善，从而能够与其他拉美生产国竞争，以确保在非欧佩克石油生产国中的地位。

2　主要资源及分布

智利地形复杂、地势层次分明、气候多样，因此自然资源十分丰富。

（1）矿产资源

智利有丰富的矿产资源，特别是硝石矿和铜矿曾先后在智利经济发展史上占有重要地位。智利16世纪发现金矿，17世纪发现银矿，18世纪发现铜矿。

铜矿业是智利的支柱产业。铜矿储量约为4.5亿吨，占世界总储量的1/4左右，因此，智利有"铜的王国"的美誉。智利的铜矿遍布全国，从干旱的北方，到南方的麦哲伦海峡，东起高耸入云的安第斯山脉，西至辽阔的太平洋，大大小小的铜矿星罗棋布，数不胜数。智利大铜矿主要分布在北部和中部。

智利人把硝石称为"白色珍珠",又称为"白金"。智利是世界上唯一生产天然硝石的国家,主要产在北方的阿塔卡马(Atacama)沙漠地区。自从发现硝石,这片荒漠就成为智利历史上最富庶的地区。硝石是提炼氮、钾、钠、硫及碘元素的天然原料,也是军事工业必不可少的。此外,在炼铜时加入一定比例的硝石可以使铜的纯度提高。

除上述矿产外,智利还有铁、煤、碘、铅、锌、锰、水银和石油等矿藏,尤其是铁矿石品位很高(含铁量在60%以上),可以跟瑞典铁矿石媲美。

(2)渔业资源

智利渔业资源非常丰富,是拉美重要的渔业产品生产国。海域盛产种类繁多的鱼类、贝类、海藻等1016种。主要有鳀鱼、沙丁鱼、萨门鱼、鲣鱼、鳕鱼、比目鱼、剑鱼、鳗鱼、鳟鱼、金枪鱼、章鱼、石斑鱼、海蟹、对虾、龙虾等。

(3)森林资源

森林也是智利的重要财富。智利是世界上森林分布范围最广、种类最多的国家之一。主要森林地带集中于比奥比奥河以南地区的南纬37°~44°,包括瓦尔迪维亚、奥索尔诺、延基韦、艾森和麦哲伦诸省,这一地区盛产温带林木,主要有智利柏、智利南美松、皮尔格松、智利罗汉松和辐射松等,大多属于硬质木,其中南美松在世界享有盛名。

(4)水利资源

取之不竭的河水和高山瀑布,为智利的电力工业提供了巨大的水力资源。目前开发利用的只占一小部分。

（5）动植物资源

智利动植物随地理位置、地形与气候的不同种类很多。北部广阔荒芜的沙漠地区的土壤以褐土、巨砾土为主。除少许绿洲外，以生长在石隙洞间的沙漠仙人掌科与荆棘类植物为主。安第斯山脉的斜坡地带较潮湿，荆棘类灌木丛生；主要野生动物有原驼、野羊、狸等。在安第斯山脉各支脉间的深谷中偶有瘠薄的草地，其间生长着一种名叫普多和韦穆尔的鹿以及安第斯山秃鹰。鹿和秃鹰是智利国徽图案的组成部分。在一些横向的山谷地区，长有牧草和一种开红花的百合。在地中海气候区，夏旱冬雨，土壤以红壤、黄壤和草原土为主，植被种类也很多，并依纬度不同而异。自南纬37°开始，瓦尔迪维亚以南地区，土壤多为棕色森林土，其次是灰化土、红土和黄土。这里有与亚马孙森林同样茂密、广大的森林区，长有山毛榉、松柏、桂树、肉桂树等。大森林中的动物以南美豹为主，数量较多。

二 基础设施

1 重要交通设施

智利的交通运输体系包括铁路运输、公路运输、海路运输和航空运输。近年来，智利交通运输业稳定发展，产值连年增长。2000年，交通运输业产值达7917.8亿比索（1986年比索价格），比上一年增长了9.5%，占当年国内生产总值的9.3%。2001年3月，在该部门就业的职工人数达42.6万人，占全国

智利四通八达的交通
图片提供：达志影像

就业总人口的8.1%。2007年和2008年，智利交通运输和通信业产值分别为59073.9亿比索（当年比索价格）和64064.4亿比索，各占当年国内生产总值的6.9%和7.2%。2008年，在该部门就业的职工人数为56.7万人，占全国就业总人口的8.5%。

（1）公路运输

智利的公路运输体系比较发达，公路网四通八达，延伸到全国各个地区。全国公路总长8万多公里，其中柏油路面约1.5万公里，占公路总长的18.8%，其余为砖石路和土路。泛美公路纵贯智利南北，全长3600公里，是智利公路的主要干道，也是智利交通运输的生命线。泛美公路从秘鲁南部城市塔克纳入境，经过智利北部城市阿里卡，向南到圣地亚哥，再往南延伸到智利南部港口城市蒙特港。为了开发南部地区，政府还修建了一条南方公路，全长1140公里。这条公路把智利中部地区与南部拥有1000多万公顷土地的湖泊地区、奇洛埃省和艾森省连接起来。智利有几条国际公路与阿根廷和玻利维亚相连。一条是从圣地亚哥往东，横越安第斯山，穿过海拔3990米的乌斯帕亚塔隘口，进入阿根廷境内与门多萨相连。南方公路从蓬塔阿雷纳斯出发，分东西两条，最后在阿根廷南部港口里约加列戈斯会合。北方一条国际公路从科皮亚波向东，越过安第斯山，穿过高达4726米的圣弗朗西斯科山口进入阿根廷。另一条国际公路从泛美公路上的瓦拉出发，东行穿过5995米高的锡亚赫瓜伊山口，与玻利维亚相接。为发展公路运输，智利军政府时期采取了交通自由化政策，鼓励私人经营公路交通运输业和购买汽车。从此，智利的私营汽车运输业有了较大的发展,汽车数量增加。

(2) 铁路运输

智利的铁路交通起步较早。1851 年修建了从科金博到卡尔德拉港的南美第一条铁路。1859 年政府组建了第一家国营铁路管理公司。1915 年成立了国家铁路局。1969 年起开始实施铁路电气化和内燃机化计划。1996 年全国铁路总长 14771 公里,其中电气化铁路 1654 公里。首都圣地亚哥至瓦尔帕莱索之间为电气化铁路。由于国土南北狭长的特点,智利铁路网恰似一条大脊柱,中央铁路是全国铁路的主要干线,北起皮萨瓜,南至蒙特港。其余支线或连接西部港口城市,或延伸到东部安第斯山矿区。从主干线上分出两条铁路与阿根廷相通:一条从比尼亚德尔马向东通往阿根廷的门多萨,可直达阿根廷首都布宜诺斯艾利斯;另一条从巴勒斯蒂纳向东穿过安第斯山区通往阿根廷北部农牧区。智利还有两条铁路与玻利维亚连接。北部有一条铁路通往秘鲁境内。

智利铁路产业曾因长期经营不善,亏损严重。从 20 世纪 70 年代末期起,政府逐步将部分路线交给私人经营,铁路运输和经营状况有所好转。90 年代铁路运输产业处于上升趋势。据智利中央银行统计,1999 年全国铁路货运量为 2125 万吨,客运量为 947.3 万人次。

首都圣地亚哥地铁全长 27.25 公里,另外政府将投资 10 亿美元,再新建两条地铁线。

(3) 水路运输

智利的地理位置和地形特点,决定了海上运输具有特别重要的意义，它承担着智利 50% 的进出口货物的运输任务。因此，历届政府都十分重视发展海上运输，很早就制定和实施了一整套港务建设和管理制度：1904 年成立了第一个从事港口经营业务的技术管理机构；1922 年建立了瓦尔帕莱索港务管理局；1960 年又成立了智利国家港务局。智利沿海分布着大小港口 70 多个，其中主要港口有 16 个。瓦尔帕莱索是南太平洋沿岸最大的港口，也是智利最大的港口，号称"港口之都"，进口货运的 50% 由该港承担，每年进出该港的船只有数百艘之多。除瓦尔帕莱索外，其他港口还有圣维森特港、瓦斯科港、托科皮亚港、卡尔德拉港、查尼亚拉尔港、科金博港、安托法加斯塔港、圣安东尼奥港、塔尔卡瓦诺港、蒙特港等，许多港口是运输铜、硝石、煤、石油等矿产品的专用港口。智利约有大小轮船公司 20 家，其中最大的海运公司是智利葡萄牙公司，总部设在瓦尔帕莱索，由中央和地方共同经营。其他还有国家海运公司、南美汽轮运输公司、智利远洋航海公司、石油海运公司等。智利商船队注册总吨位约为 170 万吨。在通过海路运输的智利进出口商品中，本国商船承担的部分占 1/3，外国商船承运部分占 2/3。1998 年，智利商船装货 2821.2 万吨，卸货 1924.9 万吨。由国家和私人经营的小汽船航行于麦哲伦省西部沿海。小汽船的使用弥补了陆地交通的不足，在南部地区显得尤为重要。智利的河流短而湍急，因此，内河航运不发达。全国内河航运总里程为 2172 公里。

　　智利对发展同亚太国家的关系十分重视，其特有的地理位置使它成为沟通南美洲和亚洲的桥梁。近年来,智利大力推动建设两洋(太平洋和大西洋)交通通道的计划。同时,为了进一步发展海上运输业和建设现代化基础设施,1998年,智利国家港务局下属的14家公司,开始向本国和外国资本开放,逐步实行私有化。

(4)航空运输

空运在智利较其他运输网络发展更为迅速。智利国家航空公司(Lanchile)是智利最大的国营航空公司,成立于1929年。除经营国内客、货运输业务外,还有通往阿根廷、秘鲁、玻利维亚等7个国家的国际客、货运输业务。1958年兴建的铜业航空公司是智利最大的私营航空企业,另外,还有从事货运的南美航空公司、安第纳航空有限公司等私营航空企业。智利航空线长度在南美国家中排在巴西、哥伦比亚、阿根廷和委内瑞拉之后。全国现有提供商业服务的机场30个,其中主要机场有9个,最大的机场是首都的阿图罗·梅里诺·贝尼特斯机场,其次是洛斯里略斯机场(圣地亚哥)和巴尔马塞达机场(第十一行政大区)。

20世纪70年代末期,智利政府实行以自由竞争为基础的"天空开放"政策,其内容包括自由定价,自由选择飞行距离、飞行次数和飞行路线等,国家的任务就是对航空运输中的安全条例和对等条件等做出规定。同时政府还开展一系列促销活动,大大推动了智利航空运输业的发展。1999年,各航空公司的国内货运周转量为3.4亿吨公里,国际货运周转量为17.7亿吨公里。

2　电力设施

截至 2011 年 3 月,智利全国电力总装机量为 1758.9 万千瓦。其中,水电占 33.8%,天然气发电占 30%,煤炭发电占 19.7%,柴油发电占 13.1%,生物质能发电占 2%,风力发电占 1%,其他形式发电占 0.4%。从区域来看,北部主要以天然气和煤发电为主,比例分别为 59% 和 33%;南部主要以水力和天然气发电为主,比例分别为 53% 和 29%。由于天然气、煤、柴油主要依靠进口,同时水电发展受到环境保护制约,智利能源短缺较严重,能源短缺每年造成的损失约占 GDP 的 1%。

3　重要通信设施

20 世纪 80 年代末期,澳大利亚邦德公司购买了智利电话公司的主要股份后,智利的电话和无线电通信设施迅速发展。1991 年智利开始使用光纤通信。1994 年,国内电话全部实现程控。1999 年,全国拥有 296.8 万条电话线并广泛采用蜂窝状电话网、数字化技术和光纤技术。目前,智利政府计划在智利和新西兰之间铺设一条海底光缆,把南美洲和亚太地区更好地连接起来。智利电信市场为近年来发展速度最快的一个新兴领域,业内竞争激烈,政府鼓励外资进入。目前智利是拉美地区固定电话、手机、计算机和互联网使用率最高的国家,网络已同三大国际光纤网络相连。智利《金融日报》2013年10月24日报道，据思科公司统计，受光纤线路普及和高速网络用户增加等因素推动，智利2013年互联网平均网速较2012年提高569K，达7.68M/S，居拉美国家首位，接近网络发达国家水平。智利目前的网络用户达360万户，同比增长4.7%。[①]

[①] 资料来源：http://china.huanqiu.com/News/mofcom/2013-10/4492879.html。

三 国民经济

1 宏观经济概述

2013年，智利宏观经济形势保持稳定，但经济增速有所放缓，GDP增长率为4.2%，比2012年下降将近1.5个百分点，但比拉美地区平均水平高出1.6个百分点。经济增长主要动力仍然来自国内需求，2013年，内需仍保持较快增长，涨幅为3.9%。但是由于宏观经济整体增速放缓，内需的增长低于2012年的水平。一方面，由于就业市场运行良好以及公共支出的增加，私人消费依旧活跃；另一方面，央行的商业预期调查已显示未来国内需求将呈下降趋势。

（1）财政政策

智利政府仍坚持结构性预算平衡的准则。一方面，由于受到大选年影响，2013年1~10月，中央政府支出实际增加5.8%，这意味着2011年以来政府支出增幅首次超过GDP增长水平；另一方面，政府实际收入略有减少，降幅为0.9%，这主要是由于铜矿收入的不乐观形势，截至10月，结构性盈余占GDP的0.6%。

（2）货币政策

智利继续保持低通货膨胀水平，2013年智利年均通胀率为2.6%，比2012年下降0.4%，这主要得益于能源和部分食品价格趋稳。持续低水平的通胀率为央行实行宽松的货币政策提供了更大空间。

（3）利率

自 2012 年 1 月起，智利的基准利率一直保持在 5% 的水平。但 2013 年 10 月，智利央行将基准利率下调 25 个基点至 4.75%，这是智利政府 21 个月以来首次调整基准利率。11 月，央行再次下调 25 个基点，将基准利率维持在 4.5% 的水平。这一调整旨在增加货币流动性，以应对放缓的经济增长。

（4）汇率

继续保持浮动汇率制。根据智利央行的统计数据，2013 年前 5 个月，智利比索币值保持稳步上升趋势，美元兑换比索比率一直保持在 1∶460～1∶490。但 5 月以后，受美国货币政策调整的影响，比索持续贬值，12 月超过了 1∶530。但不可否认，比索的价格走低在一定程度上矫正了前些年比索长期持续升值的问题。

（5）国际收支

经常项目连续 3 年出现赤字，截至 2013 年第三季度，经常项目赤字占 GDP 的 3.4%，但比索汇率的走低，加上国内储蓄总量的下降，在一定程度上限制了国内支出水平，贸易收支平衡有望改善。资本与金融项目方面保持盈余，但是受到宏观经济大环境影响，外国直接投资涌入幅度开始出现下滑迹象。外汇储备水平小幅下跌，从 2012 年的 417 亿美元降至 2013 年 11 月的 411 亿美元。

（6）外汇储备

根据智利央行年报，截至 2013 年底，智利央行外汇储备（含黄金和 SDR）合计为 411 亿美元。智利央行曾于 2011 年表示，为应对美元和欧元的不稳定性，智利需要寻求更多元的外汇储备投资组合，包括考虑将人民币纳入外储投资范围。截至2011年底，人民币资产在智利外储的自营投资组合中占1.2%。

除了央行管理的外汇储备外，智利还通过财政盈余建立了两个主权基金：经济和社会维稳基金（ESSF）和养老金储备基金（PRF）。截至2014年初，两年内主权基金得益于新的投资政策，共实现增值4亿美元，其中3.3亿美元来自养老金储备基金，7000万美元来自经济和社会维稳基金。

（7）外债

截至2013年9月，政府外债同比增长26%；非银行私人部门外债水平年均增长6.2%，占外债总额的54%；外资企业外债同期平均上涨53%，达到外债总额的20.5%。截至2013年9月，智利负债率达到44.2%。银行贷款总存量增速放缓，截至2013年10月，名义增长10.5%，同比下降近2个百分点，这种趋势在消费、商业、外贸、投资、住房等部门均有所体现。

2　税收体系和制度

智利税收以中央政府为主，市政府只征收营业牌照费。该国实行属人税制，每个自然人和法人都有唯一的纳税号（RUT）。如果是自然人，则国民登记局颁发的国民身份证号即为RUT号，也是其他民事行为的编号。如果是法人实体或外国投资者，则由国税局负责分配RUT号。

2014年3月底，智利政府提交税收改革方案，改革方案中涉及企业所得税、个人所得税、酒税、含糖饮料印花税等多方面的修改建议。

3 贸易状况

（1）对外贸易概述

长期以来，智利是一个依靠外贸、外资和外债来发展的国家，对外贸易历来在智利经济发展中占有重要地位。

2013年，智利贸易总额为1523.57亿美元，同比增长4.3%。其中出口773.67亿美元，同比下降3.2%；进口749.90亿美元，同比下降0.5%。

主要出口产品为矿产品、纸浆、鱼粉、水果、葡萄酒和药品等，主要进口产品为石化产品、电子设备、工业机械、汽车和天然气等。

主要贸易伙伴包括中国、美国、日本、巴西、韩国等。2009年中国超过美国成为智利第一大贸易伙伴，2013年中国继续保持为智利第一大贸易伙伴。智利十大贸易伙伴及贸易额如下表所示。

2011～2013年智利十大贸易伙伴及贸易额

单位：亿美元

排 名	国家/地区	2011年	2012年	2013年
1	中 国	290.3	332.6	349.2
2	美 国	228.0	274.2	258.4

续表

排　名	国家/地区	2011 年	2012 年	2013 年
3	欧　盟	247.4	224.8	244.7
4	日　本	116.3	109.5	101.56
5	巴　西	106.7	94.96	95.5
6	韩　国	70.2	71.5	70.4
7	阿根廷	59.3	63.6	49.8
8	墨西哥	43.7	39.7	38.6
9	秘　鲁	38.9	38.63	37.2
10	印　度	24.1	33.0	30.4

资料来源：商务部《对外投资合作国别（地区）指南》编制办公室：《对外投资合作国别（地区）指南——智利（2014 年版）》，2014。

（2）辐射市场

智利积极与外商签署自贸协定，是世界上最开放的经济体之一，已与全球 60 个国家和地区签署了 22 个贸易优惠协定：同中国、加拿大、韩国、澳大利亚、美国等 18 个国家签署了自由贸易协定；同厄瓜多尔、阿根廷、巴西、乌拉圭、巴拉圭、玻利维亚和委内瑞拉等 8 个南美洲国家签署了经济互补协定；同欧盟 27 国、新西兰、新加坡、文莱和日本等签署了经济合作协定；同印度和古巴签署了部分贸易优惠协定。

智利拥有覆盖范围广泛的自由优惠贸易协定网络，交通和通信等基础设施较发达，与巴西、阿根廷、秘鲁和玻利维亚等周边国家联系便利，北部伊基克自由区辐射玻利维亚、秘鲁及巴西、阿根廷内陆地区。

（3）贸易主管部门

智利外贸主管部门为外交部国际经济关系总司，其他涉及国际贸易的部门还包括财政部、经济部和农业部等，此外还设有跨部门的国际经济谈判委员会（私人机构也参与工作）。

其主要职责：执行和协调政府的国际经济政策，谈判和管理国际经济贸易协定，促进本国参与世界经济事务，促进本国货物和服务的出口。

（4）贸易管理的相关规定

智利贸易政策的主要目标是提高国内生产企业的效率和竞争力；减少实际保护，清除出口阻碍；促进地区经济合作；促进出口，吸引外资。

1997年以来，智利继续实行自由化的贸易管理体制，2003年进一步单边降低了关税（实行6%的单一关税），改革贸易救济措施，制定促进出口的措施等。智利积极参与多边贸易体系，参加了多哈发展回合谈判，批准实施了关贸总协定第四条和第五条。智利是《太平洋战略经济伙伴关系协定》（TPP）的创始国之一，积极参与TPP谈判。2012年6月智利与秘鲁、哥伦比亚和墨西哥正式宣告成立拉美－太平洋联盟。

智利对进口商品无任何数量限制和许可证管理措施，但禁止进口二手汽车、摩托车、废旧轮胎、有毒有害商品以及濒危动植物等。

（5）进出口商品检验检疫

智利农业部、卫生部和经济部负责执行世贸组织动植物检验检疫措施。

农业部农牧局（SAG）负责包括出口产品认证、本国咨询等在内的与动植物卫生相关的事务。卫生部通过环境项目司负责执行与人的身体健康相关的检验检疫规定。经济部通过国家渔业局负责水资源产品的检疫。

按照有关规定，一切动物产品、植物和种子产品的进口，无论产品来源如何，均须经过检验检疫。

智利农业部和卫生部接受采用国际粮农组织、世界动物健康组织和国际植物保护协定等国际标准的外国检疫检验部门出具的卫生认证。

智利动植物检验检疫措施由相关技术部门负责，在实施过程中平等对待所有贸易伙伴，对国产和进口产品实行无差别待遇。智利农牧局同以下国家签署了机构合作协议：阿根廷、澳大利亚、巴西、玻利维亚、加拿大、中国、哥伦比亚、哥斯达黎加、古巴、捷克、多米尼加共和国、厄瓜多尔、法国、印度、墨西哥、新西兰、尼加拉瓜、巴拉圭、秘鲁、菲律宾、美国、乌拉圭、委内瑞拉和越南等。

（6）海关管理规章制度

智利《海关法》规定，进口货物必须拥有海关批准的申报文件。申报文件中应包含出口商、运输方、进口商、收货人、海关代理、货物描述（重量或数量、单价、HS号码）、进口商税号和到岸价格等信息。申报文件应该和发票原件、海关代理委托文件、货值声明、动植物卫生或其他检疫证明、原产地证明一起递交到智利海关。通关手续须通过电子方式提交，进口关税须在指定银行缴纳。进口额超过 500 美元的货物通关必须委托海关代理。

特殊进口手续适用于自贸加工区和在运货物。向自贸区出口的外国货物必须具有运往自贸加工区的装船证明。运往自贸区的货物只能用于区内再销售或深加工之后再运往海关或另外一个自贸加工区。在运货物必须有国际运输过境申报文件。

智利对进口产品征收 6% 的统一关税。由于智利与主要贸易伙伴签署了自由贸易协定，智利实际进口关税税率不足 1%。

智利对出口不征收任何关税。《海关法》规定，出口产品时，出口商应填写单一出口表，注明出口商地址、联系方式、产品描述（海关分类号、单价、数量或重量）。此外，还要递交报关行资料、运输文件、发票复印件和质检认证。

特别提示

★ 智利市场经济机制较完善，商业合同规定较为具体详细，为避免纠纷，对可能涉及的问题在合同中均要明确规定。

★ 智利商人习惯就样品进行试验后决定是否下单，开展贸易往来时一般会要求出口企业提供样品。

★ 为防止贸易支付风险，应选择最保险的支付方式，切忌放账，不可轻信。可委托当地有实力的律师事务所或咨询机构了解智利合作伙伴的资信情况。
★ 智利人较守时，商务会谈不能迟到。智利人较重视礼仪、仪表，会晤期间应着装整洁、举止得体、谈吐文雅。智利人等级观念较强，多数情况要求对等交流。
★ 需要特别注意的是，由于智利法规较为健全，市场机制较为完善，智利企业总体商业信誉较好，但在当地经济形势不利的情况下，企业出现付款拖延，甚至停止付款的现象增加。

4 投资状况

（1）吸收外资

根据智利外国投资委员会统计，2013年智利吸收外资202.58亿美元，超过巴西成为拉美吸收外资最多的国家。智利吸收外资较集中的领域主要包括矿产、能源、金融服务、通信、基础设施等。2013年主要国家实际投资额如下：日本25.24亿美元、美国19.15亿美元、加拿大9.82亿美元、哥伦比亚6.29亿美元、英国4.24亿美元、巴西0.83亿美元、巴拿马0.49亿美元、澳大利亚5.61亿美元、西班牙0.5亿美元。联合国贸发会议发布的2014年《世界投资报告》显示，2013年，智利吸收外资流量为202.6亿美元；截至2013年底，智利吸收外资存量为2154.5亿美元。智利吸收外资情况如下表所示。

截至 2013 年智利吸收外资情况

单位：亿美元

排名	产业	2009 年 DL600 法令框架下批准外资	截至 2013 年吸收外资总额
1	农业	0.02	33.93
2	林业	0	55.72
3	渔业和水产业	0	33.19
4	矿业	109.85	362.51
5	食品、饮料和烟草业	0	36.02
6	木材和纸产品业	0.186	113.25
7	化工业	0	336.12
8	其他制造业	0.317	222.93
9	水电业	5.42	1163.91
10	建筑业	0.249	114.62
11	商业	6.06	451.00
12	运输和仓储业	3.01	230.97
13	通信业	1.5	778.07
14	金融服务业	4.27	7108.2
15	保险业	0.561	245.25
16	企业服务	0.678	112.45
17	卫生及相似行业	0	55.23
18	其他服务业	0.48	114.2
	总额	132.62	81007.57

资料来源：中国银行：《智利国别风险分析报告（2014 年）》，2014。

（2）投资主管部门

智利外国投资委员会代表国家执行第600号法《外国投资法》的有关外资程序，核准自愿提出申请的重大外国投资项目。经济部部长任委员会主席。外国投资委员会由执行副主席领导和管理，执行副主席由智利总统直接任命。

2014年3月底，巴切莱特政府提出的改革方案中，提出取消第600号法，目前该提案已经提交议会。提案受到广泛关注，企业界担心取消第600号法会对吸引外资产生负面影响。

（3）投资行业的规定

智利是一个对外资高度开放的国家。随着20世纪80年代电信和电力行业的私有化，外资可进入的投资行业范围已非常广泛。目前外资已广泛进入矿产、电力、天然气、供水、通信、金融、化工、食品、饮料、烟草等领域。目前限制的行业主要在国际陆路运输、渔业捕捞、近海航运、电台、媒体印刷等领域。此外，边境线10公里以内的土地原则上不得向外国人出售。

（4）投资方式的规定

智利对外资进入金额及方式没有限制，可以是货币投资、设备投资、技术投资等。根据第600号法，现汇投资须超过500万美元，以货物或技术等其他方式投资，额度须不低于250万美元，信贷方式投资不得超过总投资额的75%。

依据《中央银行涉国际资本法》第14章，进入智利的外资不受此额度限制，但额度须不低于10000美元，投资方式可为外汇和信贷，无须签订投资合同。

智利对外国自然人在当地开展投资合作无特别规定。任何外国自然人或法人，以及定居国外的智利自然人或法人，均可以通过第600号法以外国投资者的身份向智利投资，与智利外国投资委员会签署外国投资合同。

智利没有对外资并购实施安全审查的法律法规，对并购行为无强制性和预防性管控。投资者可购买或兼并企业，也可通过购置资产成立企业。购买或兼并上市公司，须符合《资本市场法》规定，进行公开股份交易。一切资产购置、兼并行为均要签订合同并经公证，个别情况还需要进行公开登记。

特别提示

★ 智利对外资开放程度较高，对外资在允许进入的领域开展并购没有特别限制。需要注意的是，南部部分地区存在少数民族问题。由于智利市场化程度较高，企业并购行为应做好前期评估，以减少商业风险。

（5）对外国投资的优惠政策

智利对外资实行国民待遇，无特别优惠政策，所有外资一旦合法进入智利，便与其国内企业享受完全相同的待遇。

政府通过经济部下属生产促进局（CORFO）对科技研发、新能源等项目提供税收或金融支持，申请项目需由CORFO根据相关法规进行审查，受益企业要书面承诺履行相关法律责任。

● **高科技产业鼓励政策**

为鼓励科技研发和新能源项目开发，智利政府出台了税收优惠和资金支持措施。

根据20241号法律，智利对科技研发领域的企业给予税收优惠。企业需要与在经济部生产促进局登记的大学或者研究机构进行联合研发，项目金额超过100UTM[①]，政府将提供贷款支持并返还所得税。

为高科技投资企业或研发中心提供资金补助主要采用如下形式：①可研阶段：智利生产促进局提供最高60%、总额不超过3万美元的资金支持；②项目启动阶段：智利生产促进局提供最多3万美元的资金支持；③在职人员培训：智利生产促进局为新员工提供最高50%、不超过25000美元的年工资；④设备和技术平台：智利生产促进局提供最高40%、不超过200万美元的资金用于购买设备和技术平台；⑤长期财产租用：生产促进局为最初5年的财产租用提供最高40%、不超过50万美元的资金；⑥专业培训和招聘：智利生产促进局提供最高50%、总额不超过10万美元的资金。

● **新能源鼓励政策**

为鼓励新能源的发展，智利政府推出了财政资金支持措施。

贷款便利：含增值税年销售额4000万美元以上的企业投资非常规能源发电、传输分送项目，可通过指定银行向智利生产促进局申请贷款。

---

① UTM为智利月度税收单位，主要用于税收和罚款，UTM以比索表示，根据消费价格指数每月调整。

对项目研究提供资金补助：①对估计投资额高于 40 万美元的投资非常规可再生能源发电项目，补贴启动阶段工程研究费用的 50%，最高比例为预计投资总额的 5%，上限为 16 万美元；②首都大区年销售额在 4000 万美元以上的企业，投资 48 万美元以上可再生能源发电项目的，可申请补贴前期研究咨询费用的 50%，上限为 3300 万比索（约合 7 万美元）。其他地区补助参照地区鼓励政策。

● **特殊经济区域的规定**

智利首个自由贸易园区——伊基克保税区依据 1975 年 6 月 341 号法建立，进口商品在区内期间无须向智方缴纳任何关税。区内实体在自由区制度框架内进行的经营活动免缴第一类税（20%）和增值税（19%），区内用户相互提供服务免缴增值税。

伊基克保税区位于北部第一大区塔拉帕卡的首府伊基克，总面积约为 240 公顷。经过 40 年的发展，现已成为本国乃至南美最大的商品集散地，重点辐射玻利维亚、秘鲁、巴西、阿根廷、巴拉圭、厄瓜多尔等多个周边国家。

区内各类场馆设施十分齐全，包括规模庞大的物流中心、批零中心、商业中心、工业区、汽配区、金融区、服务区、会议中心、展馆等，超过 1700 家企业在区内从事商品展览、包装、去包装、再包装、灌装、贴牌、销售等多种工贸活动，为当地提供大量就业岗位。

智利本国人及外国一切自然人和法人均可在通过保税区管委会审批后，同后者签署特许经营合同进入园区，根据自身需要开展工贸业务，管委会通过先进的计算机系统向所有用户提供包括商品仓储、信息咨询等在内的一系列综合服务。外国企业入园前只需要依法在智利办理注册手续即可。

目前一些旅智华侨华人在保税区内创办企业，利用优惠税收政策开展商品贸易业务。据初步统计，上述企业总数约为360家，其中大陆企业约300家，港台企业约60家。

特别提示

- ★ 智利是发展中国家中法律较为完善的国家，各方面法规可操作性强，执法严格，中国企业在智利开展投资合作应严格守法经营。
- ★ 环评是智利审批投资项目的最重要环节之一，须深入了解环保法规并严格依法办事。近几年外资企业在智利投资能源项目遇到较多问题，主要在环保和土地使用等方面遭到项目所在地社区反对，导致项目延迟、搁浅或移址。
- ★ 智利劳动法规严格，且倾向于保护雇员利益，用工比例、工作时间、养老和医疗保险、辞退员工等必须按照相关规定严格执行。
- ★ 智利税法严格，且有追溯效力，有关机构一旦发现偷税漏税现象，将对当事者采取非常严厉的惩罚措施，情节严重者甚至可能遭到起诉。
- ★ 智利的签证管理严格，必须按相关法规申请相应签证，持商务旅游签证者不得在当地从事任何工作，欲在智利工作必须申请工作签证。

★ 智利工会实力强大，法律对工会保护劳动者权益做出详细规定。企业须认真了解相关法规及通行做法，学会与工会组织打交道。

★ 智利在使用外籍员工方面要求较严格，法规较完善且各种文件和文书均为西班牙语，智利的外资企业属地化经营程度较高。

四 产业发展

1 概述

智利经济规模不大,国内市场狭小,工业基础比较薄弱且门类不齐全,许多产品靠进口。制造业是智利国民经济的主要部门。智利主要制造业部门有钢铁、机器制造、纺织、造纸、木材加工、石油化工、汽车装配、食品和饮料加工、烟草、陶瓷和制革等。

二战后,智利大力推行替代进口工业化战略,制造业成为国民经济中优先发展的部门。为满足国内市场对日用工业消费品的需要,政府积极鼓励发展食品、纺织、制革、化学等工业部门;同时,政府通过不断增加公共投资,大力发展钢铁、机器制造、能源等重工业部门。20世纪五六十年代,在非耐用消费品进口替代的基础上,进一步发展耐用消费品及其中间产品的生产,制造业产值在国内生产总值中的比重不断上升,居各部门之首。70年代上半期又升至28%以上,最高年份达30.7%。90年代以来,由于政府提倡发挥比较优势和调整产业结构,制造业发展滞后,其产值在国内生产总值中的比重持续下降。到20世纪最后3年,制造业产值在国内生产总值中的比重已降至不到15%。2000年制造业产值为12278.7亿比索(1986年比索价格),仅占当年国内生产总值的14.5%。同年工业品出口额为81.72亿美元,占出口总额的45%。2008年制造业产值为 113167.2 亿比索（当年比索价格），占当年国内生产总值的 12.8%。同年工业品出口额为 211.96 亿美元，占出口总额的 31.9%。主要出口商品有精密机械、矿山机械、医疗设备、药品、化妆品、玩具、书籍、家具、海产品、木材制品和化工产品等。截至 2000 年底，在该部门就业的人数为 75.4 万人，占同期全国就业总人数的 14%。到 2008 年底，在该部门就业的人数为 86.2 万人，占同期全国就业总人数的 13%。智利制造业大部分集中在首都圣地亚哥、瓦尔帕莱索、康塞普西翁等主要大城市及其邻近城市。

2　民族工业

（1）制造业

钢铁工业　智利钢铁工业建于 1910 年。当时，政府购买了科金博省一家法国公司的埃尔托福铁矿，并在科拉尔兴建了智利第一座高炉，国家钢铁工业的发展迈出了第一步。二战后，随着国民经济的发展和工业化进程的加快，国内对钢铁产品的需求大大增加，刺激了钢铁工业的发展。为满足国内消费者的需要，瓦契帕托钢铁厂不断改进生产技术和提高生产率，产量连续上升。20 世纪 60 年代智利钢铁产量跃居拉美第 4 位。1993 年，智利钢产量有史以来第一次超过百万吨，为 102.2 万吨。此后，继续呈增长趋势。

机器制造业　智利机器制造业相对薄弱，中小企业占多数，生产规模不大，技术水平较低。所以，本国所需的机电产品、小五金、工农业用具等大部分靠进口。智利机器制造业部门主要包括矿山机械、林业机械、航海设备和捕鱼设备、电器设备、医疗器材等生产部门。

汽车装配工业　长期以来，智利的汽车基本上依赖进口。为保护和发展本国的汽车工业，在大幅度降低一般进口商品关税的情况下，政府对汽车进口仍保持高税率，并限制进口数量，从而促进了本国汽车装配工业的发展。随着经济的发展，智利居民的收入和购买力有了较大提高，汽车销售量大幅度增加。

纺织工业　纺织工业是智利主要的传统工业部门之一。总体上说，智利的纺织工业不太发达，其纺织品生产能力不能满足国内需求，而且生产成本高。因此，智利大部分纺织品依靠进口。

食品工业　出口农业的兴起，带动了葡萄酒、水果罐头和奶制品行业的生产和发展。智利的鱼类、肉类、水果、蔬菜等食品资源丰富，农产品加工业有很大的发展潜力。

纸浆、造纸工业　智利的纸浆、造纸工业始于1920年。20世纪70年代中期以后，由于政府优惠的林业政策，林业生产迅速发展，给纸浆、造纸工业注入了活力。目前，该部门已成为国内较大的工业部门之一，多年来一直呈增长态势。产品除满足国内消费外，还向外国出口。2000年纸浆和纸张出口额为14.4亿美元，比1999年增长了34.6%。智利纸张和纸板制造公司是智利造纸部门规模最大的企业，它经营4家生产纸浆、新闻纸、纸板和特种纸张的工厂。其次是智利森林林业公司，主要生产新闻纸。

木材加工业 智利的林业资源丰富，全国有900多家公司从事木材及木材加工业。智利的木材及其制品质量好、成本低廉，在国际市场上颇具竞争力。目前，智利是拉美最大的木材供应商。在木材初级产品大量出口的同时，木材的二级产品如板材、家具配件和家具的出口量也在大幅度增加。2000年，木材、木材制品和家具的出口额为9.81亿美元，比1999年增长了17.2%。主要出口到泰国、印度、中国、日本等国家。近年来智利又成为美国的最大木材供应国。

建筑业 智利建筑业是每次经济衰退受影响最严重的部门之一，其经营和发展状况不稳定。进入20世纪90年代，为了改善居民住房条件和基础设施，政府加大了对住房、道路、隧道等建设的投资，使建筑业得到发展。

（2）能源工业

经济的发展，使能源消费迅速增长。为适应能源形势的发展变化，国家陆续出台和实施了一系列新的能源政策。主要有：修改能源价格制度，废除固定价格制度；实施能源部门自筹资金制度，鼓励私人投资，扩大能源生产；重新制定国家能源资源勘探计划；建立国家能源委员会，加强对能源开发的领导与规划；充分利用国内丰富的水力、煤炭、木柴等能源，开辟地热、太阳能、原子能等新能源。

石油工业 石油工业是智利新兴的工业部门。智利是石油进口国。由于外资的参与，智利的石油工业有了一定的发展，但仍不能满足国内需求，石油依赖进口的状况仍然存在。

智利主要石油产地在麦哲伦海峡和火地岛地区。据初步勘探，麦哲伦海峡的石油储量为 3500 万立方米，天然气储量为 1000 亿立方米。石油和天然气的开采和加工由国家石油公司进行。20 世纪 80 年代末期以来，由于产油区气候条件恶劣、资金不到位和技术缺乏等原因，石油产量逐年下降。2000 年石油产量为 39.24 万立方米，天然气产量为 27.02 亿立方米。

电力工业　智利的电力生产发展迅速，是经济中最有活力的部门之一。智利的水力资源比较丰富，境内河流大都发源于安第斯山，河流短而水流急，尤其在第八大区比奥比奥以南，由雨水及山上冰雪融解汇成的河水滚滚而下，形成许多山间瀑布，为水力发电提供了良好条件。早在 1942 年，智利政府就制定了全国电气化计划，1944 年成立了国家电力公司，负责领导和协调全国电力的生产及分配，并推动全国电气化计划的实施。二战后，由于制造业的发展，对电力的需求激增，从而大大推动了电力生产。到 1995 年，全国发电装机容量比 18 年前增长了 72%。由于几座新建发电站投产，发电量大幅度提高，全国年水力发电量超过 220 亿度。全国人均电力消费 1800 多度，是拉美人均电力消费较高的国家之一。除水力发电以外，智利北部海拔 4000 米的安第斯山区蕴藏了大量地热资源，北部地区的风力和太阳能也很有利用潜力。近几年，由于热力发电量的增加，水力发电在全国发电总量中的比重有所下降，改变了智利长期以来以水力发电为主的状况。2000 年，水力发电占 47.6%，热力发电占 52.4%。2008 年，水力发电和热力发电分别为 2229.4 亿度和 3369.2 亿度，各占当年发电总量的 39.8% 和 60.2%。

3 特色产业

（1）矿业

智利是个矿业大国，以盛产铜和硝石闻名于世。矿业在智利国民经济中占有重要地位，是智利的经济命脉。目前，智利铜的产量、出口量和储藏量均居世界第 1 位；硝石和锂产量也居世界首位；碘产量居世界第 2 位；钼产量居世界第 4 位，储藏量居世界第 1 位；硝酸钾和硝酸钠产量居世界第 1 位；硼酸盐产量居世界第 5 位；硒产量居世界第 7 位；金和银产量居世界第 8 位。此外，智利还拥有煤矿、铁矿、锌矿、锰矿、硫矿、汞矿等。在整个拉丁美洲矿业发展五年（1993～1997 年）计划所规划的 210 亿美元投资中，智利占 50 亿美元。

● 铜

智利铜矿资源遍布全境，有大、中、小铜矿数百个，但主要分布在北部和中部的安第斯山区。智利主要有四大铜矿，分别介绍如下。

丘基卡马塔铜矿　世界最大的露天铜矿，位于圣地亚哥以北 1700 公里处的安托法加斯塔省海拔 2830 米的大沙漠中，矿带长 4100 米，宽 2300 米，深 660 米。已探明的矿石储量为 38.9 亿吨，折合精铜 4170 万吨。矿山由美国投资兴建，于 1915 年 5 月投产。该矿山机械化程度高，开采技术较先进，产量较高，曾经被视为"经济支柱的支柱"。由于长期开采，矿石的品位由原来的平均 2.06% 逐渐下降。

特尼恩特铜矿 世界最大的地下铜矿，位于圣地亚哥东南130公里处，海拔2500米。已探明的矿石储量为59.5亿吨，约合精铜5100万吨，是世界上储量最大的铜矿。它是由美国布拉登公司投资兴建的，于1907年建成投产，是智利最早投产的大铜矿。该矿可以连续开采170年左右。

萨尔瓦多铜矿 位于北部阿塔卡马沙漠地带，被人们称为"沙漠中的绿洲"。它由两部分组成，采矿场和选矿厂在萨尔瓦多，炼铜厂设在东南方向的波特雷里略斯，两地相隔50公里。矿石储量为3.08亿吨，折合精铜350万吨。按其生产水平，约可开采40年。

安第纳铜矿 位于圣地亚哥东北50公里处，海拔3800米，是世界上海拔最高的大铜矿。1890年被发现，因地势高、气温低、风速大，一年中有8个月是冰天雪地，并且经常发生雪崩，直到1955年才动工兴建，于1970年投产。已查明矿石储量为10.9亿吨，约合精铜1230万吨。

据有关方面不完全统计，智利全国有30多个中型铜矿，基本上都是由本国和外国私人资本经营。其中有的已投产，有的正在兴建中。小型铜矿主要分布在北部地区，其数目无法精确统计，仅第一大区到第五大区之间就有200多个。这些小矿采用手工劳动，经营方式有个体生产，即一家一户进行开采，也有合作生产，即三四个人或五六个人组织起来一道开采。

智利的铜加工业也很发达。它拥有世界上最先进的技术，即从铜的硫化和氧化共生矿中提炼铜的最新"离析法"。大量的铜锭从炼铜厂运到铜制品厂，再加工成各种铜材：铜板、铜管、铜丝、高压电缆线、电话线等。如今，智利生产的铜制品种类超过 3000 种，是世界上主要的铜产品生产国。从 1982 年起，智利已成为世界第一大产铜国，在世界铜市场上所占份额超过 40%，在国际铜业中占有重要地位。随着世界经济的增长和技术的发展，对铜的需求量将不断增加。

智利铜业的发展前景，总体来看是稳定的。但是，国有企业的产量逐渐下降，而私营企业的产量不断上升。2002 年，由于世界经济发展缓慢，国际市场的铜价疲软，智利铜产量有所降低。

● 铁

按生产价值及出口所得外汇来看，智利铁矿石的开采仅次于铜矿。智利已探明的铁矿储量约为 16 亿吨，另外还有潜藏量约 5.25 亿吨。智利正在开采的铁矿主要分布在北部的阿塔卡马省、安托法加斯塔省和塔尔卡省长达 500 多公里的"铁矿地带"。但从北部的阿里卡到南部的奇洛埃岛都有确定的矿床。

智利的铁矿开采长期不稳定。20 世纪 90 年代以来，生产条件有所改善，年产量都保持在 1000 万吨以上，2000 年产量（包括铁矿石和铁矿砂）为 1323 多万吨，除满足国内消费外，还出口到美国、德国、日本、阿根廷和巴拿马，创汇 1.4 亿美元。主要矿场有阿尔加罗博、埃尔罗梅拉尔、塞罗、拉斯科洛拉达斯等。太平洋钢铁公司、伯利恒智利铁矿公司和圣费矿业公司三家公司的产量占智利铁矿石产量的 2/3 以上。

● 煤

智利是拉美煤矿资源丰富的国家之一，无烟煤储量约 50

亿吨，烟煤储量3亿吨。到20世纪50年代末，智利的煤开采量居拉美各国的前列。此后由于石油产量的增长，对煤的需求下降，加上远离消费中心，运输不便，煤的产量锐减。70年代后，由于世界能源危机和以煤为原料的化学工业的发展，煤产量开始回升，但不稳定。整个90年代，煤产量呈下降趋势，从1990年的274.4万吨降至2000年的49万吨。智利煤矿主要分布在从圣地亚哥至南部的麦哲伦海峡与安第斯山平行的一条狭长而不连续的地带上。

● 钼

钼是铜的伴生矿，储量仅次于美国，为204.5万吨，占世界总储量的1/4。智利是世界上最大的钼生产国和出口国，1990年以来，钼产量连年增加，20世纪90年代中期以后年产量维持在2万吨以上，2000年达3.3万吨。钼产品大部分供出口。

（2）旅游业

智利因其独特的地形、奇特的自然风光和风情浓郁的民俗文化，日益成为一个新的旅游地。智利北部有沙漠、古迹、海滩及高原小镇；中部有别具风格的城市；南部有湖泊、岛屿、峡湾和冰川。漫长的海岸线提供了大面积的优良海滩，是人们旅游、休假和探险的理想之地。复活节岛新近的考古发现也使之很快成为智利的旅游胜地。20世纪90年代以来，由于政局稳定和经济持续增长，旅游业也获得稳步发展，成为智利国民经济的重要部门之一。智利政府重视发展旅游业。目前，除传统的旅游线路外，还增设了不少新的旅游景点，进一步完善旅游服务设施，如建造滑雪中心、组织南极观光和国际音乐会等，吸引了大量国外游客。智利旅游业迅速发展，越来越受到世界的瞩目。

> **特别提示**
>
> ★ 智利国民经济和公共财政对铜产业的依赖度很高，在国际大宗商品市场需求变化和价格波动方面存在脆弱性风险。

五　金融体系

1　金融体系概述

智利金融市场发展较好，是支持其经济体领先于拉美其他国家的重要因素之一。1997年的金融改革促使智利银行体系扩大对外活动。

2001年智利政府开始实行开放资本市场的政策。在世界银行全球竞争力报告中，智利在银行体系、资本流动和金融服务等方面均得到较为正面的评价。

据智利银监会（SBIF）发布的数据，2013年智利银行业共盈利36.58亿美元，银行业利润提高了13.9%。

智利的金融体系由官方银行、私人商业银行、储蓄放款机构、其他金融机构和政府开发机构组成。国家货币委员会、中央银行、银行及金融机构最高监察署是整个金融体系的最高当局。

国家货币委员会　由中央政府财政部部长、经济部部长、中央银行行长及一位总统代表组成。银行及金融机构最高监察署署长可以列席该委员会会议并有发言权。委员会办事机构设在中央银行内。根据政府规定，国家货币委员会负责制定有关货币信贷、内外债、资本市场、货币发行、债券发放、利率、准备金、国际汇兑、对外贸易等方面的方针、政策。

智利中央银行　政府银行，成立于1925年。1980年宪法规定，中央银行是一个自治的、财政自主的技术性机构。其最高领导机关是由董事长、总经理和副董事长组成的执行委员会。中央银行的职责如下：发行货币、调节信贷、制定汇率、管理外汇、发行债券；控制外汇交易和对金融部门进行监督；代表国家参加各种国际金融组织。中央银行也是智利外贸政策的执行机构。根据规定，中央银行只能同公共或私人金融机构开展业务活动，但不得为其提供信贷，也不能购买国家机构或企业发行的证券；中央银行不得负担公共开支或提供直接和间接贷款；中央银行不得以任何直接或间接形式歧视从事同样活动的个人或单位。

银行及金融机构最高监察署 负责监察包括中央银行在内的各银行和金融机构执行有关货币、信贷方面的法律和法规的情况，同时颁布有关财会方面的规定。

2　主要商业银行

根据智利银监会的资料，截至 2010 年底，智利有 30 家商业银行机构，包括 19 家在智利注册成立的私有银行，5 家外国银行的分行，1 家本国国有银行，以及 5 个信贷联合会。智利未设立专门的政策性银行，政策性金融职能由隶属经济部的生产促进会（CORFO）承担。2013 年利润额最大的 5 家银行排名如下。

2013年智利利润额最大的5家银行

单位：亿美元

排名	名称	中文参考名	股权背景	净利润
1	Banco De Chile	智利银行	上市公司，由智利Luksic财团控股	9.80
2	Banco Santander	桑坦德智利银行	上市公司，由西班牙桑坦德集团控股	8.48
3	Banco de Credito e Inversiones	信贷投资银行	由智利Yarur家族控股	5.73
4	Corp Banca	合作银行	创始人Alvaro Saieh Bendeck	3.20
5	Banco del Estado de Chile	智利国家银行	智利唯一的国有银行	2.20

资料来源：中国银行：《智利国别风险分析报告（2014年）》，2014。

从排名靠前的银行背景可以看出，除一家国有银行外，来自西班牙的外资银行子公司和由智利本土私人财团控制的银行在智利商业银行体系中占据重要地位。除西班牙的银行外，众多欧美大行如汇丰银行、加拿大丰业银行、苏格兰皇家银行、德意志银行、荷兰合作银行、摩根大通银行、东京三菱日联银行等也在智利开业经营。

在肯定智利银行业发展程度的同时，还需看到，在欧洲主权债务危机持续发生的背景下，智利银行体系与欧洲尤其是与西班牙在股权上的紧密联系可能使其受到一定程度的波及。

智利排名居前的银行多数享有较好的信用评级，接近或等于智利主权评级，表明其银行业总体状况相对健康，并有望随着该国总体经济实力的进一步发展而持续获益。

2003~2007年,智利商业银行不良贷款率下降明显。2008~2010年,由于受国际金融危机和全球经济衰退影响,不良贷款率有所抬头,但其后很快得到控制。根据世界银行数据,截至2013年底,智利银行业平均不良贷款率为2.1%。从不良贷款率看,该国商业银行总体资产质量较高。

根据SBIF的数据,截至2011年末,在智利注册的商业银行平均资本充足率为13.75%,平均核心资本充足率为7.17%。其中,上述五大银行中资本充足率最高的是桑坦德智利银行,资产充足率较低的是智利国家银行。

3 金融政策

(1) 金融开放情况

智利的对外开放实际上是从皮诺切特军政府上台之后开始的。为了控制通货膨胀,摆脱经济困境,在美国的影响下,军政府启用了一批被称为"芝加哥弟子"的经济学家,实行了以市场自由化、贸易自由化和国有企业私有化为三大支柱的新自由主义改革。

在此背景下,智利于1974年开始开放个人资本账户;1975年,实施利率市场化和银行私有化改革;1976年起开放资本账户,但保留对外国投资者利润回流和外资银行资本金汇出的控制;1977年起允许外资银行在中型以上城市开设分支机构;1979年,央行开设面对外资企业的外汇窗口,并允许本国银行引入外资；1982年，取消银行外资头寸限制；此后受墨西哥债务危机影响，金融开放步伐放缓；1987年，启动资本市场的自由化进程，批准设立外国投资基金；1995年加入WTO，开始履行GATS下有关金融服务的条款，但同时，智利充分运用各项"例外"条款，为本国金融业的发展赢得了空间。在20世纪90年代的结构性改革过程中，智利既在很大程度上满足了"市场准入"和"国民待遇"的要求，又成功地实现了政策效果向本国的金融企业倾斜，同时还切断了外资基金与国际私人短期资本的联系，保卫了金融与经济的安全。因此，20世纪90年代中期以来，智利国内金融市场活跃，本土机构的实力不断增强，加之良好的外债结构和合理的外资流动机制，智利顺利渡过1997～1998年的国际金融危机，并且在2008～2009年的金融危机中也未受到严重损害。

目前，智利的银行体系已经达到相当高的开放程度。除一家国有银行外，商业银行市场主要由欧美金融集团主导的外资银行和由本地私人财团控制的本土银行共同分享。这种结构保证了其银行体系能够在服务本国市场经济发展的同时在较高的起点上实现国际化。

目前智利不实行外汇管制，外汇资金在一定条件下可以比较自由地进出，各种外币均可以在当地自由兑换，汇率自由浮动。智利央行原则上仅在认为金融市场出现动荡的情况下对外汇市场进行干预。

（2）央行政策

根据智利央行行长报告，为了应对2008年以来全球经济的不确定性,过去几年智利实施了以下宏观经济和金融政策:①以灵活的"瞄准通胀"制度为基础,通过央行自主性和浮动汇率制度管理货币政策;②通过遵守结构性平衡规则实现财政政策可量化和可预测,在铜价上涨期间,数量巨大的储蓄余额为增强智利经济弹性和实施反周期财政刺激政策起到了关键作用;③与世界其他国家保持了高度的商业和金融融合;④建立和完善一个包含全球融合、高效融资和有效监管的金融体系。

(3) 通胀管理

2008~2009年,智利商业银行存款利率由7.49%连降至2.05%,以应对经济衰退威胁。从2010年起,央行将商业银行存款利率重新拉入上升通道,直至2011年下半年。截至2012年末,智利央行基准利率为5.79%。

智利2011年全年通胀率为4.4%,2012年通胀率下降至1.49%,并在2013年上升至3.02%。

从智利在金融危机期间为应对衰退及此后为防范通胀而对基准利率进行大幅调整的表现来看,智利央行在执行货币政策方面显示了极大的决心和极高的效率。

(4) 汇率管理

由于实行出口导向政策和浮动汇率制度,同时经济体又处于快速变革发展中,智利比索在历史上的波动幅度相当大。2008年金融危机前后,智利比索经历了一轮快速贬值又快速升值的震荡过程。2013年以来,智利比索兑美元汇率逐年下跌。

2011年初,鉴于比索大幅升值给本国经济带来的压力,智利央行启动了120亿美元的外汇购买计划,对比索汇率进行干预（大约同一时期，巴西、哥伦比亚、秘鲁等国也先后对外汇市场实施了干预）。在央行干预下，智利比索在 2011 年下半年出现了一定的贬值。但从 2012 年初以来，智利比索在多数时间又呈现比较坚挺的走势，因此不排除智利央行未来再次入市干预的可能性。然而，过多的干预措施，是否会造成本币投放过量，从而助长通胀，也可能是央行需要面对的问题。未来潜在的挑战是，如果外国资金持续流入，智利央行可能需要在本币升值与通胀之间做出一个选择。

目前智利比索兑美元汇率维持在 580 左右的点位，未来走势还取决于智利进出口、资本流动、国际金融环境变化及央行干预等多重因素。智利的汇率风险和通胀风险，是在该国进行商业和投资活动的过程中需要重视的。

特别提示

★ 智利金融政策开放程度较高，金融体系大体上实行市场化运作；商业银行与欧洲联系较密切，存在受欧债危机波及的可能；银行体系资产比较稳健；本币币值在历史上波动性较大；强劲的资本流入形成的本币升值压力，可能牵制央行的通胀管理措施。汇率风险和通胀风险仍是该国金融市场上的重要风险。

★ 在智利开展投资、贸易和劳务合作的过程中，要特别注意做好事前的调查、分析和相关风险评估以及事中的风险规避和管理工作，切实保障自身利益。企业应积极利用保险机构、担保机构、银行等金融机构和其他专业风险管理机构的相关业务保障自身利益。

★ 建议企业在开展对外投资合作过程中使用中国政策性保险机构——中国出口信用保险公司提供的信用风险保障产品，也可使用中国进出口银行等政策性银行提供的商业担保服务。

★ 中国出口信用保险公司是由国家出资设立、支持中国对外经济贸易发展与合作、具有独立法人地位的国有政策性保险公司，是我国唯一承办政策性出口信用保险业务的金融机构。公司支持企业对外投资合作的保险产品包括短期出口信用保险、中长期出口信用保险、海外投资保险和融资担保等，对因投资所在国（地区）发生的国有化征收、汇兑限制、战争及政治暴乱、违约等政治风险造成的经济损失提供风险保障。

★ 如果在没有有效风险规避的情况下发生了风险损失，则要根据损失情况尽快通过自身或相关手段追偿损失。通过信用保险机构承保的业务，则由信用保险机构定损核赔、补偿风险损失，相关机构协助信用保险机构追偿。

智利
CHILE

第四篇
双边关系

智 利
CHILE

一 双边政治关系

中智建交 40 多年来，两国关系有了长足的发展，特别是 20 世纪 90 年代以来，中智在各个领域的互利合作不断深化。

新中国成立以来，智利同中国的关系经历了一个逐步发展的过程。在 20 世纪五六十年代，两国尚未建交，但已开始有许多民间往来。1952 年 10 月 1 日，一批智利对华友好人士发起建立智利 – 中国文化协会，致力于加强智利同中国的文化联系，是拉美国家中成立最早的对华民间友好组织。在智中两国人民的积极推动下，20 世纪 50 年代，两国的民间交往相当活跃。智利 – 中国文化协会代表团以及阿连德、万徒勒里、聂鲁达等智利各界知名人士先后来中国访问。1953 年，在圣地亚哥举办了中国艺术展览会。1954 年，中国文化代表团参加了在圣地亚哥举行的拉丁美洲大陆文化会议。1956 ~ 1959 年，中国民间艺术团、中国人民银行代表团、中国杂技团、中国新闻工作者代表团、中国工会代表团等先后访问智利。与此同时，双方贸易往来也开始起步。20 世纪 60 年代，中智关系得到进一步发展。1961 年 5 月，南汉宸率中国国际贸易促进委员会代表团访问智利。同年 11 月，中国在智利设立了中国进出口公司商业新闻办公室。1963 年 9 月，智利外长托米奇在于贝尔格莱德举行的各国议会联盟会议上发言，要求恢复中国在联合国的合法地位。1964 年，中国在智利成功地举办了经济贸易展览会。同年 11 月，在智利成立了争取与中国建立外交关系委员会。1965 年 4 月，将原中国进出口公司商业新闻办公室改为中国国际贸易促进会商务处。根据中国方面的统计，1960～1969 年，中智双边贸易额为 4000 多万美元。

1970 年 12 月 15 日，智利同中国正式建立外交关系，智利成为南美洲第一个与中国建交的国家。建交后，两国双边贸易开始正常发展。1971～1973 年，两国政府先后签订了贸易协定、经济技术合作协定、商品贷款协定、贸易支付协定和海运协定等。至 20 世纪 90 年代初，共有阿尔梅达、库维略斯、德尔巴列三任智利外长访问中国。

1990 年 3 月，艾尔文总统就职，中国政府派航空航天工业部部长林宗棠作为特使参加就职仪式，并转达了杨尚昆主席对艾尔文总统的访华邀请。同年 5 月，杨尚昆主席应邀访问智利，这是中国国家元首对智利的首次访问，受到智利政府的盛情款待。两国领导人就双边关系和共同关心的国际问题举行会谈，取得了广泛的共识，双方签署了《植物检疫合作议定书》。1992 年 6 月，艾尔文总统和李鹏总理在出席于巴西里约热内卢举行的联合国环境与发展大会期间亲切会见。同年 11 月，艾尔文总统访问中国，再次把两国关系推向高潮。访问期间，双方签署了关于签订两国领事条约的谅解备忘录。1993 年 3 月，中国外长钱其琛访问智利。1994 年 3 月上任的弗雷总统表示，要继续加深与中国的关系。中国政府曾派时任外交部副部长刘华秋为特使出席弗雷总统的就职典礼。1995 年 11 月，弗雷总统访问中国。1996 年，李鹏总理访问智利。通过这一系列的高层互访，特别是两国国家元首的互访，两国大大加深了相互了解，签订了多项合作协定，建立了两国外交部长之间的政治磋商制度以及经济贸易混合委员会、科技混合委员会等常设机构，两国关系已进入一个全面发展的阶段。特别是 2001 年 5 月，江泽民主席对智利的访问为推进 21 世纪中智双方长期稳定、平等互利的合作关系，为扩大经贸、科技合作，增加双向投资，提升合作水平，实现优势互补起到了积极作用。拉戈斯总统也表示，智中两国建交后，尽管国际形势发生了重大变化，但两国致力于发展友好合作的决心未变。其对 21 世纪智中关系的前景十分乐观。他希望两国在国际多边事务中加强联系，密切合作。2001 年 10 月，拉戈斯总统出席在上海举行的亚太经合组织会议后，又对中国进行了国事访问。

2006 年 11 月，胡锦涛主席出席在越南河内举行的第 14 次亚太经合组织领导人非正式会议，与巴切莱特总统会晤。2007 年 9 月，胡锦涛主席出席在澳大利亚悉尼举行的第 15 次亚太经合组织领导人非正式会议，与巴切莱特总统进行了会晤和交谈。

2008 年 4 月 11 ~ 15 日，应中国国家主席胡锦涛邀请，巴切莱特总统对中国进行了国事访问，并出席博鳌亚洲论坛 2008 年年会。在其访问期间，双方签署了多项合作文件。同年 11 月，胡锦涛主席出席在秘鲁利马举行的第 16 次亚太经合组织领导人非正式会议，与巴切莱特总统进行了交谈。

2008 年 7 月，全国人大常委会副委员长乌云其木格访问智利，同时举行两国议会间政治对话委员会第三次会议。在 2008 年中国遭受雨雪冰冻灾害和"5·12"汶川地震后，巴切莱特总统致电胡锦涛主席表示慰问，同时参议院、众议院分别通过决议对中国人民表示同情。

2015年,中国国务院总理李克强对智利进行正式访问。李克强访问智利期间,中智双方将签署政治、经贸、金融、文化、科技等领域的政府间和企业间多项合作协议。智利是第一个同新中国建交的南美国家,2015年是中智建交45周年,也是智利的"中国文化年"。

智利驻华大使贺乔治称,中智关系正处于一个非常良好的时刻。"智利是第一个同中国签署自贸协定的拉美国家,自2005年双边自贸协定签署以来,中智贸易规模增长了5倍。中国已经成为智利在全球范围内第一大贸易伙伴,智利则是中国在拉美第三大贸易伙伴。面向未来,我们希望投资和金融合作能为两国经贸合作锦上添花。"

二 双边经济关系

1 双边贸易

自 2006 年中智自由贸易协定实施以来,两国经贸关系发展迅速,中国是智利在全球第一大贸易伙伴和第一大出口目的国与第二大进口来源国。智利是中国在拉美地区仅次于巴西和墨西哥的第三大贸易伙伴,中国已经连续多年成为智利铜的最大买家,智利对中国出口的产品包括纸浆、鱼粉、水果、葡萄酒、肉类等。除传统轻纺产品外,中国产汽车在智利的市场份额已达到 17%,其中卡车市场份额达到 22%。

据中国海关统计,2013 年中智双边贸易额为 349.2 亿美元,同比增长 7%。

近年来,中国对智利出口商品主要类别包括:①电机、电器、音像设备及其零配件;②机械器具及零件;③非针织或非钩编的服装及衣着附件;④针织或钩编的服装及衣着附件;⑤车辆及其零配件,但铁道车辆除外;⑥鞋靴、护腿和类似品及其零件;⑦钢铁制品;⑧钢铁;⑨玩具、游戏用品或运动用品及其零配件;⑩家具、寝具等。

据中国海关统计,近年来,中国从智利进口商品主要类别包括:①铜及其制品;②矿砂、矿渣及矿灰;③木浆等纤维素浆、废纸及纸板;④食品工业的残渣及废料、配制的饲料;⑤无机化学品、贵金属等;⑥鱼及其他水生无脊椎动物;⑦木及木制品、木炭；⑧食用水果及坚果等；⑨饮料、酒及醋；⑩油籽、药用植物等。

2　双边经济合作

　　智利与中国的合作领域非常广泛。两国的最高立法机构和司法机构都先后派出高级代表团互访，建立了比较密切的关系。两国的政党、军队也建立了广泛的联系。智利的"埃斯梅拉达"号训练舰已先后4次访华。双方的科技合作已涉及海产养殖、电信、农业、林业、矿业、畜牧业等众多领域。智利对中国的南极科学考察活动提供了宝贵的支持。在文化教育领域，两方除互派留学生外，各种文化、艺术交流活动不断增加。双方经济贸易混合委员会基本上每年轮流在对方首都举行会议，成为推动两国经济贸易合作的重要机制。两国已签署的重要双边协议如下：

《中国和智利建立外交关系联合公报》(1970年12月15日)

《政府贸易协定》(1971年4月20日)

《经济技术合作协定》(1972年6月8日)

《科学技术合作协定》(1980年10月14日)

《互设总领馆协议》(1985年4月29日)

《互免外交公务签证协议》(1986年4月8日)

《政府文化合作协定》(1987年6月16日)

《外交部间建立政治磋商制度》(1988年8月19日)

《植物检疫合作议定书》(1990年5月29日)

《鼓励和相互保护投资协定》(1994年3月)

《海运协定》（1995 年 11 月）
《林业合作协议》（1996 年 6 月）
《民用航空运输协定》（1996 年 11 月）
《农业技术合作协定》（1996 年 11 月）
《空间技术合作协定》（1996 年 11 月）
《植物检疫合作协定》（2001 年 10 月）
《农业科技合作协议》（2001 年 10 月）
《中智地震局合作协议》（2001 年 4 月）
《中智关于保护和恢复文化财产协定》（2001 年 4 月）
《中智关于动物检疫及动物卫生的合作协定》（2002 年 5 月）
《中智旅游合作协定》（2002 年 11 月）

特别提示

★ 守法。智利法律体系较为健全，公民守法意识较强，中资公司在智利投资时要避免采取非正当手段进行操作。

★ 目前智利左、右派斗争较为激烈，中资公司要遵循当地商业化操作模式，避免在政治上站队。

★ 目前矿产品价格低迷，中资企业投资矿业时，对环保等方面的投资不能因市场低迷而减少。

三 智利主要华人商会和社团概况

1 智京中华会馆

智京中华会馆又称智京华侨协会、智利中华会馆,是智利的华人社团,约创立于 19 世纪末期,馆址在智利首都圣地亚哥。最初宗旨是联络旅居智利侨胞,为新至智利的华工提供帮助。后来,随着智利各地华侨人数日益增多,在华侨比较集中的伊基克、阿里卡、阿托法加斯塔、托皮科、瓦尔帕莱索和比尼市等都成立了中华会馆,彼此之间没有隶属关系,但相互有联系。

电邮:shunweifu@gmail.com

2 智利统促会

智利统促会的全称是智利中国和平统一促进会,又称和统会。成立于 2002 年 2 月 23 日,其宗旨是维护一个中国原则,反对任何分裂国家的行径。以中华文化为纽带,弘扬华夏精神,深化华夏同胞的交流与合作,促进祖国和平统一。

电话:0056-2-26897218

3 智利华商总会

智利华商总会的全称是智利华商联合总会,是根据智利社团法组建并登记注册的非营利性质的民间社团组织,总部设在智利共和国首都圣地亚哥。华商总会的成立是智利华人华侨长期以来的共同愿望,其创始会员会集了来自五湖四海的智利华人社会的各界精英。

华商总会的宗旨是维护智利华商会员的合法权益,协助会员合法经营、和谐发展,为会员搭建平台,促进会员间相互往来与交流,协助加强会员企业与政府之间的联系,提升智利华商的实力和影响力,弘扬中华民族的优秀文化,推动智中两国的经贸往来,增强智中两国和两国人民的友好情谊。华商总会的口号是:凝聚侨心,维护侨益,服务侨商,壮大侨力。

为了更好地服务于会员,加强信息交流与沟通,华商总会先后创立了《智利华商报》和智利华商网,宣传中华民族的优秀文化,宣传中国政府对智利华人华侨的关怀、问候和指导,宣传华商优秀人才和优秀企业在智利投资的成功经验,宣传华商投资智利的前景、条件和注意事项,为会员排忧解难,引导华商合法经营、和谐发展。与此同时,《智利华商报》和智利华商网还将真正发挥信息交流的平台和窗口作用,及时报道中智签署自由贸易协定以来的相关政策、成果和经验,包括智利企业在中国的投资现状和前景,成为两国经贸交流的有效渠道,促进两国经贸往来向更深、更高的层次发展。

电话:0056-2-26974202

四 智利当地主要中资企业

境内投资主体	境外投资企业（机构）	归属	经营范围
中国有色金属建设股份有限公司	中色股份智利代表处	中央企业	代表中国有色金属建设股份有限公司从事工程承包项目、土建、工程分包及相关产品、设备和技术进出口等活动。该代表处工作职责为：开发智利有色金属领域相关项目，向智利矿山行业推广股份公司机械产品；开拓南美洲其他国家工程承包市场，搜集项目信息，扩大宣传推广，积极参与投标，落实公司在南美地区EPC项目的开发工作
中建材国际贸易有限公司	中国建材国际智利公司	中央企业	建材及建材相关产品进出口贸易，仓储物流基地建设及经营
武汉烽火国际技术有限责任公司	烽火国际智利子公司	中央企业	电信市场拓展和销售、技术服务和代理渠道销售，相关工程设计和施工
中国港湾工程有限责任公司	中国港湾（智利）工程公司	中央企业	各类工程总承包业务及提供与各种建筑项目有关的服务包括但不限于技术协助、咨询、管理、经营并履行一切必要之协议
北京矿冶研究总院	北京矿冶研究总院智利代表处	中央企业	市场信息搜集、沟通、联络等
中国电力工程有限公司	中国电力工程有限公司智利分公司	中央企业	工程设计、采购和施工的各种项目，包括基础设施、能源、工业和商业项目；设备的供应；工程咨询和设计；项目管理、测试和调试；所有其他类型的服务和规定相关的目的；其他进口和出口的设备、零部件、配件、耗材货物和服务；直接或通过承包商和分包商提供上述的任何货物和服务

续表

境内投资主体	境外投资企业（机构）	归属	经营范围
中信重工机械股份有限公司	中信重工智利办事处	中央企业	为智利、秘鲁等国家的项目提供现场和售后服务；在智利、秘鲁等国矿业市场推介公司产品并开发国际客户；向客户提供矿机的选型和方案设计；参与主机配套的部件和产品的国际采购询价
中国海洋航空集团公司	国机集团中国海航驻智利子公司	中央企业	境外工程承包
中国航空技术北京有限公司	中航技南美智利公司	中央企业	批发、零售服装、纺织品

详细中资企业名录请参见：

中国商务部"中国对外投资和经济合作"网站⇨"境外企业（机构）"，相关网址：http://wszw.hzs.mofcom.gov.cn/fecp/fem/corp/fem_cert_stat_view_list.jsp。

智利
CHILE

附　录

智 利
CHILE

附录一 世界银行·营商环境指数

为评估各国企业营商环境,世界银行通过对全球国家和地区的调查研究,对构成各国的企业营商环境的十组指标进行了逐项评级,得出综合排名。营商环境指数排名越高或越靠前,表明在该国从事企业经营活动条件越宽松。相反,指数排名越低或越靠后,则表明在该国从事企业经营活动越困难。

智利 2016 年营商环境指数排名如下表所示。

智利营商环境排名

智 利	
所处地区	拉美和加勒比地区
收入类别	高收入
人均国民收入总值(美元)	14900
营商环境 2016 年排名:48,与上一年相比,没有变化	

智利营商环境概况

下表同时展示了智利各分项指标与"世界领先水平"的距离,"世界领先水平"反映了《2016 年营商环境报告》所包含的所有经济体在每个指标方面(自该指标被纳入《营商环境报告》起)表现出的最佳水平。每个经济体与领先水平的距离以从 0 到 100 的数字表示,其中 0 表示最差表现,100 表示领先水平。

指　　标	智　利	经合组织
开办企业		
2016 年与世界领先水平的距离（百分点）：89.84		
程序（个）	7.0	4.7
时间（天）	5.5	8.3
成本（占人均国民收入的百分比）	0.7	3.2
实缴资本下限（占人均国民收入的百分比）	0	9.6
办理施工许可证		
2016 年与世界领先水平的距离（百分点）：78.78		
程序（个）	13.0	12.4
时间（天）	152.0	152.1
成本（占人均国民收入的百分比）	0.6	1.7
获得电力		
2016 年与世界领先水平的距离（百分点）：79.71		
程序（个）	6.0	4.8
时间（天）	30.0	77.7
成本（占人均国民收入的百分比）	76.8	65.1
登记财产		
2016 年与世界领先水平的距离（百分点）：71.72		
程序（个）	6.0	4.7
时间（天）	28.5	21.8
成本（占财产价值的百分比）	1.2	4.2
获得信贷		
2016 年与世界领先水平的距离（百分点）：50.00		

续表

指　　标	智　利	经合组织
合法权利指数（0～12）	4.0	6.0
信用信息指数（0～8）	6.0	6.5
公共注册处覆盖范围（占成年人的百分比）	11.2	66.7
私营调查机构覆盖范围（占成年人的百分比）	45.1	11.9
保护少数投资者		
2016年与世界领先水平的距离（百分点）：63.33		
披露指数	8.0	6.4
董事责任指数	6.0	5.4
股东诉讼指数	7.0	7.2
纠纷调解指数（0～10）	7.0	6.3
股东权利指数（0～10）	10.0	7.3
公司透明度指数（0～9）	2.0	6.4
股东治理指数（0～10）	5.7	6.4
少数投资者保护力度指数（0～10）	6.3	6.4
纳税		
2016年与世界领先水平的距离（百分点）：84.00		
纳税（次）	7.0	11.1
时间（小时）	291.0	176.6
利润税（占利润的百分比）	22.3	14.9
劳动税及缴付（占利润的百分比）	4.0	24.1
其他税（占利润的百分比）	2.6	1.7
应税总额（占利润的百分比）	28.9	41.2

续表

指标	智利	经合组织
跨境贸易		
2016年与世界领先水平的距离(百分点):80.56		
出口耗时:边界合规(小时)	60.0	15.0
出口所耗费用:边界合规(美元)	290.0	160.0
出口耗时:单证合规(小时)	24.0	5.0
出口所耗费用:单证合规(美元)	50.0	36.0
进口耗时:边界合规(小时)	54.0	9.0
进口所耗费用:边界合规(美元)	290.0	123.0
进口耗时:单证合规(小时)	36.0	4.0
进口所耗费用:单证合规(美元)	50.0	25.0
执行合同		
2016年与世界领先水平的距离(百分点):62.81		
时间(天)	480.0	538.3
成本(占标的额的百分比)	28.6	21.1
程序(个)	36.0	31.5

程序	指标
时间(天)	480.0
备案与立案	30.0
判决与执行	270.0
合同强制执行	180.0
成本(占标的额的百分比)	28.6
律师费(占标的物价值的百分比)	15.0

续表

指标	智 利	经合组织
诉讼费（占标的物价值的百分比）	5.0	
强制执行合同费用（占标的物价值的百分比）	8.6	
司法程序质量指数（0~18）	9.0	
办理破产		
2016年与世界领先水平的距离（百分点）：54.18		
时间（年）	3.2	1.7
成本（占资产价值的百分比）	14.5	9.0
结果（0为零散销售，1为持续经营）	0	1
回收率（每美元美分数）	31.0	72.3
启动程序指数（0~3）	2.5	2.8
管理债务人资产指数（0~6）	4.5	5.3
重整程序指数（0~3）	2.0	1.7
债权人参与指数（0~4）	3.0	2.2
破产框架力度指数（0~16）	12.0	12.1

资料来源：世界银行《2016年全球营商环境报告》。

附录二　其他领事馆信息

驻伊基克总领事馆
（Consulate-General of the People's Republic of China in Iquique）
电　　话：00562-22339880
电子邮箱：embajadachina@entelchile.net

跋

"丝绸之路经济带"和"21世纪海上丝绸之路"战略构想为沿线国家的经贸往来和文化融合带来千载难逢的机遇。作为中国唯一连续经营百年以上、机构网络遍及海内外40多个国家和地区的大型商业银行,中国银行在国际化经营水平、环球融资能力、跨境人民币业务等方面具有独特优势。随着国家"一带一路"战略梦想一步步走进现实,中国银行正励精图治,努力成为实现这个伟大梦想的金融大动脉。

"国之交在于民相亲,民相亲在于心相交。""一带一路"战略布局涉及区域广阔,业务广泛。它不仅是一条经济交通之路,更是一条民心交融之路,其建设发展在很大程度上取决于文化的影响力和穿透力。《文化中行——"一带一路"国别文化手册》的付梓,恰逢我行整合海内外资源、布局全球一体化协同发展的关键时期。《手册》以研究海外机构特点和服务对象需求为出发点,致力于解决文化冲突、促进文化融合,力求为海外机构提供既符合中国银行价值理念,又符合驻在国实际的文化指引。

《手册》在前期充分调研的基础上,与社会科学文献出版社共同编辑出版。《手册》紧紧围绕业务需求，深耕专业领域，创新工作思路，填补了我行海外文化建设领域的空白。这是中国银行在大踏步国际化背景下，抓紧建设开放包容、具有强大影响力的企业文化的需要，是发挥文化"软实力"、保持集团可持续发展的需要，更是投身国家重大战略部署、担当社会责任的需要。

社科文献出版社是我国社会科学研究领域的权威出版机构，在人文社会科学著作出版方面享有盛誉。在编纂过程中，特别邀请了外交部、商务部专家重点审读相关章节。针对重点领域的工作需要，设置了"特别提示"和"扩展阅读"，为"一带一路"发展战略提供了较为丰富的实例和参考。

文化的力量是无穷的。希望《文化中行——"一带一路"国别文化手册》行之弥远、传之弥久，以文化的力量推动"一带一路"金融大动脉建设，为实现"担当社会责任，做最好的银行"的战略目标添砖加瓦。

2015 年 12 月

后 记

《文化中行——"一带一路"国别文化手册》是中国银行在全力服从国家"一带一路"战略，依托百年发展优势，布局全球、协同发展的大背景下编撰的国别类文化手册。由中国银行企业文化部牵头，在办公室、财务管理部、总务部、集中采购中心的大力支持下，在社会科学文献出版社经管分社团队的共同努力下编辑出版。

手册在编辑过程中广泛征求了各海外分支机构的意见，得到了雅加达分行、马来西亚中国银行、马尼拉分行、新加坡分行、曼谷子行、胡志明市分行、万象分行、金边分行、哈萨克中国银行、伊斯坦布尔代表处、巴林代表处、迪拜分行、阿布扎比分行、匈牙利中国银行、卢森堡有限公司波兰分行、俄罗斯中国银行、乌兰巴托代表处、秘鲁代表处、仰光代表处、孟买筹备组、墨西哥筹备组、维也纳分行、摩洛哥筹备组、智利筹备组、毛里求斯筹备组、布拉格分行的大力支持，在此一并表示感谢。

编写组在编纂过程中参考了不同渠道的相关资料，主要包括外交部国家（地区）资料库，商务部"对外投资合作国别

（地区）指南2014版"，社会科学文献出版社"列国志"大型数据库，以及中国银行海外分支机构提供的相关资料。

  本手册系定期更新，欢迎各界提供最鲜活的资料，使手册更具权威性和客观性。

图书在版编目(CIP)数据

智利 / 中国银行股份有限公司, 社会科学文献出版社编.
—北京: 社会科学文献出版社, 2016.1
(文化中行: 国别文化手册)
ISBN 978-7-5097-8434-1

Ⅰ.①智… Ⅱ.①中… ②社… Ⅲ.①智利-概况 Ⅳ.①K978.4

中国版本图书馆CIP数据核字(2015)第276726号

文化中行: 国别文化手册
智利

编　　者 /	中国银行股份有限公司
	社会科学文献出版社
出 版 人 /	谢寿光
项目统筹 /	恽　薇　王婧怡
责任编辑 /	颜林柯
出　　版 /	社会科学文献出版社·经济与管理出版分社 (010) 59367226
	地址: 北京市北三环中路甲29号院华龙大厦　邮编: 100029
	网址: www.ssap.com.cn
发　　行 /	市场营销中心 (010) 59367081　59367090
	读者服务中心 (010) 59367028
印　　装 /	北京盛通印刷股份有限公司
规　　格 /	开　本: 889mm×1194mm　1/32
	印　张: 3.875　字　数: 78千字
版　　次 /	2016年1月第1版　2016年1月第1次印刷
书　　号 /	ISBN 978-7-5097-8434-1
定　　价 /	48.00元

本书如有破损、缺页、装订错误, 请与本社读者服务中心联系更换

▲ 版权所有 翻印必究